PIRKE AVOT

PIRKE AVOT

Capítulos de los Padres

Comentados por
Isaac Abravanel

EDICIONES OBELISCO

Si este libro le ha interesado y desea que le mantengamos informado de nuestras
publicaciones, escríbanos indicándonos qué temas son de su interés
(Astrología, Autoayuda, Psicología, Judaísmo, Medicinas alternativas,
Espiritualidad, Tradición…) y gustosamente le complaceremos.

Puede consultar nuestro catálogo en www.edicionesobelisco.com

Colección Càbala y judaísmo
Pirke Avot

1.ª edición: octubre de 2025

Título original: *Pirke Avot*

Edición y traducción: *Juli Peradejordi*
Maquetación: *Isabel Also*
Diseño de cubierta: *Equipo Editorial*

© 2025, Ediciones Obelisco, S. L.
(Reservados los derechos para la presente edición)

Edita: Ediciones Obelisco, S. L.
Collita, 23-25. Pol. Ind. Molí de la Bastida
08191 Rubí - Barcelona - España
Tel. 93 309 85 25
E-mail: info@edicionesobelisco.com

ISBN: 978-84-1172-288-9
DL B 5501-2025

Impreso en los talleres gráficos de Romanyà/Valls S. A.
Verdaguer, 1 - 08786 Capellades - Barcelona

Printed in Spain

CAPÍTULO I

I-1

מֹשֶׁה קִבֵּל תּוֹרָה מִסִּינַי, וּמְסָרָהּ לִיהוֹשֻׁעַ, וִיהוֹשֻׁעַ לִזְקֵנִים, וּזְקֵנִים לִנְבִיאִים, וּנְבִיאִים מְסָרוּהָ לְאַנְשֵׁי כְנֶסֶת הַגְּדוֹלָה. הֵם אָמְרוּ שְׁלֹשָׁה דְבָרִים, הֱווּ מְתוּנִים בַּדִּין, וְהַעֲמִידוּ תַלְמִידִים הַרְבֵּה, וַעֲשׂוּ סְיָג לַתּוֹרָה:

Moisés recibió la *Torah* del Sinaí y la transmitió a Josué, Josué a los ancianos, y los ancianos a los profetas, y los profetas a los hombres de la Gran Asamblea. Ellos dijeron tres cosas: tened paciencia en [la administración de] la justicia, levantad muchos discípulos y haced un cerco alrededor de la *Torah*.

COMENTARIO DE ISAAC ABRAVANEL
Del Sinaí significa *debido* a la experiencia en el Monte Sinaí. Josué, no Eleazar, estaba totalmente rodeado por el aura y la personalidad de Moisés y aprendió de él a dirigir al pueblo.

Sé prudente a la hora de ir a juicio, o sea no te precipites a acudir a los tribunales. Intenta primero resolver tus diferencias sin necesidad de recurrir a los ellos.

A partir de aquí no nos centraremos en los que transmitieron la *Torah*, sino en los que la recibieron.

I-2

שִׁמְעוֹן הַצַּדִּיק הָיָה מִשְּׁיָרֵי כְנֶסֶת הַגְּדוֹלָה. הוּא הָיָה אוֹמֵר, עַל שְׁלֹשָׁה דְבָרִים הָעוֹלָם עוֹמֵד, עַל הַתּוֹרָה וְעַל הָעֲבוֹדָה וְעַל גְּמִילוּת חֲסָדִים:

Shimon el Justo fue uno de los últimos hombres de la Gran Asamblea. Solía decir: el mundo se sostiene sobre tres cosas: la *Torah*, el servicio del Templo y la práctica de actos de bondad.

COMENTARIO DE ISAAC ABRAVANEL

¿Por qué dividió Shimon el Justo los valores morales de la humanidad en tres: la *Torah*, el servicio del Templo y la práctica de actos de bondad? ¿No están todos estos valores incluidos en el concepto de la *Torah*? ¿No le habría bastado con afirmar que el mundo se apoya en la *Torah*, lo que habría incluido todos los demás valores? ¿Acaso hay algún valor que esté fuera del ámbito de la *Torah*?

La división tripartita representa los principios fundamentales de la *Torah* y es muy apropiado que Shimon el Justo la enseñara. Shimon sirvió como sumo sacerdote durante 40 años y durante su largo mandato se produjeron muchos milagros de forma regular. Según una fuente, Shimon era pariente de Esdras el Escriba.

I-3

אַנְטִיגְנוֹס אִישׁ סוֹכוֹ קִבֵּל מִשִּׁמְעוֹן הַצַּדִּיק. הוּא הָיָה אוֹמֵר, אַל תִּהְיוּ כַּעֲבָדִים הַמְשַׁמְּשִׁין אֶת הָרַב עַל מְנָת לְקַבֵּל פְּרָס, אֶלָּא הֱווּ כַּעֲבָדִים הַמְשַׁמְּשִׁין אֶת הָרַב שֶׁלֹּא עַל מְנָת לְקַבֵּל פְּרָס, וִיהִי מוֹרָא שָׁמַיִם עֲלֵיכֶם:

Antígonos, un hombre de Sojo, recibió de Shimon el Justo. Solía decir: no seáis como los siervos que sirven al amo esperando recibir una recompensa, sino sed como los siervos que sirven al amo sin esperar recibir una recompensa, y que el temor del Cielo esté sobre vosotros.

COMENTARIO DE ISAAC ABRAVANEL

Joseph Karo dice que el temor del que se habla aquí es el temor por tu bienestar que el Eterno tendrá por ti. Piensa: una persona, o un niño, recibe muchos beneficios de los padres y debería sentirse obligado a hacer todo lo que el padre quiere, por gratitud. En cierto modo ya ha sido recompensado, lo menos que puede hacer es no esperar otra recompensa. Si sigues la *Torah* esperando una recompensa y en cambio la vida te da problemas podrías desanimarte y abandonar… Por lo tanto, sigue, pero no esperes otra recompensa, pues Dios ya te ha dado muchas.

יוֹסֵי בֶּן יוֹעֶזֶר אִישׁ צְרֵדָה וְיוֹסֵי בֶּן יוֹחָנָן אִישׁ יְרוּשָׁלַיִם קִבְּלוּ מֵהֶם. יוֹסֵי בֶּן יוֹעֶזֶר אִישׁ צְרֵדָה אוֹמֵר, יְהִי בֵיתְךָ בֵית וַעַד לַ־ חֲכָמִים, וֶהֱוֵי מִתְאַבֵּק בַּעֲפַר רַגְלֵיהֶם, וֶהֱוֵי שׁוֹתֶה בְצָמָא אֶת דִּבְרֵיהֶם:

Iosi ben Yoezer, un hombre de Zeredah y Iosi ben Iojanan, un hombre de Jerusalén, recibieron de ellos.[1] Iosi ben Yoezer solía decir: que tu casa sea una casa de reunión para los sabios y siéntate en el mismo polvo de sus pies, y bebe en sus palabras con sed.

COMENTARIO DE ISAAC ABRAVANEL
Esta alusión aconseja aprender en pequeñas dosis de forma intermitente, con pausas para pensar, analizar y digerir el material, al igual que una persona sedienta y deshidratada debe beber agua con moderación y autodisciplina. Sorbe un poco cada vez y te hará el mayor bien.

יוֹסֵי בֶּן יוֹחָנָן אִישׁ יְרוּשָׁלַיִם אוֹמֵר, יְהִי בֵיתְךָ פָּתוּחַ לִרְוָחָה, וְיִהְיוּ עֲנִיִּים בְּנֵי בֵיתֶךָ, וְאַל תַּרְבֶּה שִׂיחָה עִם הָאִשָּׁה. בְּאִשְׁתּוֹ אָמְרוּ, קַל וָחֹמֶר בְּאֵשֶׁת חֲבֵרוֹ. מִכָּאן אָמְרוּ חֲכָמִים, כָּל זְמַן שֶׁאָדָם מַרְבֶּה שִׂיחָה עִם הָאִשָּׁה, גּוֹרֵם רָעָה לְעַצְמוֹ, וּבוֹטֵל מִדִּבְרֵי תוֹרָה, וְסוֹפוֹ יוֹרֵשׁ גֵּיהִנֹּם:

---

1. De Shimon el Justo y Antígonos.

Iosi ben Iojanan, un hombre de Jerusalén solía decir: que tu casa esté abierta de par en par, y que los pobres sean miembros de tu casa. No converses demasiado con la mujer.[2] Si decían esto con respecto a la propia esposa, cuánto más con respecto a la esposa de otro hombre. A partir de aquí los Sabios dijeron: mientras un hombre se dedique a conversar demasiado con las mujeres, se causa a sí mismo el mal, descuida el estudio de la *Torah*, y al final heredará el *Guehinnom*.[3]

COMENTARIO DE ISAAC ABRAVANEL

Aunque elijas un maestro, también puedes aprender cosas importantes de otros. Considera a todas las personas valiosas y como personas de las que puedes aprender.

I-6

יְהוֹשֻׁעַ בֶּן פְּרַחְיָה וְנִתַּאי הָאַרְבֵּלִי קִבְּלוּ מֵהֶם. יְהוֹשֻׁעַ בֶּן פְּרַ־
חְיָה אוֹמֵר, עֲשֵׂה לְךָ רַב, וּקְנֵה לְךָ חָבֵר, וֶהֱוֵי דָן אֶת כָּל
הָאָדָם לְכַף זְכוּת:

Josué ben Perajiah y Nittai el Arbelita recibieron de ellos. Josué ben Perajiah solía decir: designa hazte para ti un maestro,[4] y adquiere para ti un compañero y juz-

---

2. Se refiere a las mujeres en general.
3. El infierno.
4. En el sentido de búscate un maestro.

ga a todos los hombres con la balanza ponderada a su favor.

COMENTARIO DE ISAAC ABRAVANEL

Uno debe aprender tanto con un profesor como con otro alumno. Todo el mundo tiene dudas a veces o está confuso sobre cómo interpretar el texto, sin embargo, a veces uno se siente avergonzado de plantear sus preguntas a su rabino. En esos momentos, puede hacer estas preguntas a otro estudiante. Otro estudiante puede aclarar y agudizar la comprensión del texto y puede proporcionar una perspectiva diferente y valiosa sobre ese texto. «Hazte para ti un maestro» (עשה לך רב) significa que incluso si la persona que has elegido como maestro no es el mejor de los maestros y no es un gran erudito, *has de hacer* de él tu maestro.

I-7

נִתַּאי הָאַרְבֵּלִי אוֹמֵר, הַרְחֵק מִשְּׁכֵן רָע, וְאַל תִּתְחַבֵּר לָרָשָׁע,
וְאַל תִּתְיָאֵשׁ מִן הַפֻּרְעָנוּת:

Nittai el Arbelita solía decir: aléjate del mal vecino, no te apegues a los malvados y no abandones la fe en la retribución.[5]

---

5. El premio o el castigo divinos.

COMENTARIO DE ISAAC ABRAVANEL

Nittai vino a matizar el dictamen de Iosi ben Iojanan y a decir que es insostenible que un hombre deba hospedar en su casa a todas las personas, santas y sinvergüenzas. Hay que ser selectivo y discriminar a la hora de elegir compañeros y asociados.

«No abandones la fe en la retribución». ¿A qué se refiere la palabra *Poranot* (retribución)? Hay dos interpretaciones posibles. En primer lugar, la palabra *Poranot* se refiere al mal y a los malvados de los que Nittai nos advierte que nos distanciemos. Uno no puede decir: «No tengo miedos; tengo convicciones muy fuertes; aunque me asocie con los transgresores, no me contagiaré de su enfermedad y seré buena persona». Pero la cara opuesta de la moneda también es cierta. Tu vecino puede ser caritativo, amable y simpático, pero su comportamiento religioso deficiente. También debes distanciarte de él. Un hombre no debe decir que se asociará sólo con los aspectos buenos de su vecino; definitivamente, también se verá influenciado por los malos.

I-8

יְהוּדָה בֶּן טַבַּאי וְשִׁמְעוֹן בֶּן שָׁטַח קִבְּלוּ מֵהֶם. יְהוּדָה בֶּן טַבַּאי אוֹמֵר, אַל תַּעַשׂ עַצְמְךָ כְּעוֹרְכֵי הַדַּיָּנִין. וּכְשֶׁיִּהְיוּ בַעֲלֵי דִינִין עוֹמְדִים לְפָנֶיךָ, יִהְיוּ בְעֵינֶיךָ כִּרְשָׁעִים. וּכְשֶׁנִּפְטָרִים מִלְּפָנֶיךָ, יִהְיוּ בְעֵינֶיךָ כְּזַכָּאִין, כְּשֶׁקִּבְּלוּ עֲלֵיהֶם אֶת הַדִּין:

Iehudah ben Tabbai y Shimon ben Shetaj recibieron de ellos. Iehudah ben Tabbai dijo: no desempeñes el papel de abogado como si fueras el juez; y cuando los litigantes estén ante ti, míralos como si ambos fueran culpables; y cuando salgan de tu presencia, míralos como si ambos fueran inocentes, cuando hayan aceptado el juicio.

COMENTARIO DE ISAAC ABRAVANEL

¿Cuál es el defecto en las enseñanzas de los dos sabios anteriores de la *Mishnah* que hizo necesario que Iehudah ben Tabbai y Shimon ben Shetaj los corrigieran? En una *mishnah* anterior, Josué ben Perajiah dijo «juzga a todos los hombres con la balanza ponderada a su favor». Si hemos de mirar con benevolencia los pecados incluso del criminal empedernido, entonces lo que estamos haciendo es preparar al transgresor con una defensa confeccionada a medida. Equivale, *ab initio*, a encubrir el acto criminal porque debemos juzgar con benevolencia al autor. Esto, por supuesto, es inaceptable. En el sistema judicial no podemos permitir una situación en la que se legitime la transgresión.

I-9

שִׁמְעוֹן בֶּן שָׁטָח אוֹמֵר, הֱוֵי מַרְבֶּה לַחְקֹר אֶת הָעֵדִים, וֶהֱוֵי זָהִיר בִּדְבָרֶיךָ, שֶׁמָּא מִתּוֹכָם יִלְמְדוּ לְשַׁקֵּר:

Shimon ben Shetaj solía decir: sé minucioso en el interrogatorio de los testigos, y ten cuidado con tus palabras, no sea que de ellas aprendan a mentir.

COMENTARIO DE ISAAC ABRAVANEL

Iehudah ben Tabbai considera que un juez debe considerar a ambos litigantes como culpables y después del veredicto deben ser considerados como inocentes de la siguiente manera: si el juez los considera como meritorios, no los interrogará a fondo para averiguar la verdad; supondrá que dicen la verdad. Por lo tanto, debe suponer que ambos son mentirosos e interrogarlos con todo detalle. Sólo cuando el juez haya llegado a una decisión y las partes la hayan aceptado, deberá darles el beneficio de la duda de que tal vez habían cometido un error honesto. El juez no puede decir que la persona que perdió el caso es injusta, porque quién puede saber cuáles son los motivos reales de sus acciones. Podría haber estado bajo tensión, coacción, u otras circunstancias apremiantes.

I-10

שְׁמַעְיָה וְאַבְטַלְיוֹן קִבְּלוּ מֵהֶם. שְׁמַעְיָה אוֹמֵר, אֱהֹב אֶת הַמְּ־
לָאכָה, וּשְׂנָא אֶת הָרַבָּנוּת, וְאַל תִּתְוַדַּע לָרָשׁוּת:

Shemaiah y Abtalión recibieron de ellos. Shemaiah solía decir: ama el trabajo, odia la actuación del superior y no intentes acercarte a la autoridad gobernante.[6]

COMENTARIO DE ISAAC ABRAVANEL

El Rambam dice que cuando un hombre acepta un cargo de autoridad de las autoridades civiles no judías, su *Torah* y su fe se verán dañadas. Su único interés se convierte en hacer la voluntad de las autoridades y será incapaz de observar el *Shabbat* y las festividades. Abravanel lamenta el hecho de haber pasado muchos de sus días en tales actividades en la corte del Rey Fernando y la Reina Isabel donde sirvió como ministro.

I-11

אַבְטַלְיוֹן אוֹמֵר, חֲכָמִים, הִזָּהֲרוּ בְדִבְרֵיכֶם, שֶׁמָּא תָחוּבוּ חוֹבַת גָּלוּת וְתִגְלוּ לִמְקוֹם מַיִם הָרָעִים, וְיִשְׁתּוּ הַתַּלְמִידִים הַבָּאִים אַחֲרֵיכֶם וְיָמוּתוּ, וְנִמְצָא שֵׁם שָׁמַיִם מִתְחַלֵּל:

Abtalión solía decir: sabios, tened cuidado con vuestras palabras, no sea que incurráis en la pena del destierro, y seáis llevados a un lugar de aguas malignas, y los discípulos que os siguen beban y mueran, y así el nombre del Cielo sea profanado.

---

6. Para ganarte sus favores.

COMENTARIO DE ISAAC ABRAVANEL

Los eruditos son culpables por no enseñar correctamente, por enseñar de una manera que puede ser malinterpretada ya que sus discípulos estarán en el error. Los discípulos de los discípulos serán totalmente ignorantes, no serán capaces de defender la fe y pueden convertirse en apóstatas, es decir, el Cielo será profanado. También hay que tener cuidado con lo que dice y ser consciente de lo que el estudiante está dispuesto a aceptar y cuán intelectualmente preparado está el estudiante para captar las profundidades esotéricas del aprendizaje de la *Torah*. Moisés sólo reveló principios simples a los Bnei Israel.

I-12

הִלֵּל וְשַׁמַּאי קִבְּלוּ מֵהֶם. הִלֵּל אוֹמֵר, הֱוֵי מִתַּלְמִידָיו שֶׁל אַהֲרֹן,
אוֹהֵב שָׁלוֹם וְרוֹדֵף שָׁלוֹם, אוֹהֵב אֶת הַבְּרִיּוֹת וּמְקָרְבָן לַתּוֹרָה:

Hillel y Shammai recibieron de ellos. Hillel solía decir: sé de los discípulos de Aarón, que aman la paz y persiguen la paz, que aman a la humanidad y la acercan a la *Torah*.

COMENTARIO DE ISAAC ABRAVANEL

Hillel, en la *mishnah* anterior, fue muy tajante afirmando que la vida del judío debe estar dedicada exclusivamente al estudio de la *Torah*; Shammai, su contemporáneo y colega en el liderazgo de la nación, rechaza ese enfoque y propone que, aunque el estudio de la *Torah* es importante, es secundario respecto a la acción. El estudio es algo vacío si no se aplica en la acción. La deducción es que el cumplimiento de las *mitzvot* debe ocupar la atención del judío más que el estudio, a pesar de la importancia de este último. Éste es también el sentido de «habla poco, pero haz mucho».[7] «Haz mucho» se refiere a las *mitzvot* entre el hombre y Dios y que «recibe a todos los hombres con un semblante agradable» se refiere a las *mitzvot* entre el hombre y sus semejantes.

I-13

הוּא הָיָה אוֹמֵר, נְגֵד שְׁמָא, אָבֵד שְׁמֵהּ. וּדְלֹא מוֹסִיף, יָסֵף. וּדְלֹא יָלֵיף, קְטָלָא חַיָּב. וּדְאִשְׁתַּמֵּשׁ בְּתָגָא, חָלֵף:

Él solía decir: el que engrandece su nombre hace que su nombre sea destruido; el que no añade hace que cese; el que no estudia merece la muerte; el que hace uso de la corona, pasará.

COMENTARIO DE ISAAC ABRAVANEL

En la *mishnah* anterior veíamos que el esfuerzo por estar cerca de la *Torah* es de extrema importancia; Aarón ideó las formas más sutiles de atraer a la gente a la *Torah*.

---

7. Véase I-15.

Luego, Hillel se contradice y dice que quien busca una mayor reputación como erudito de la *Torah* pierde su reputación. Esto implica que un hombre no debe dejarse gobernar por un impulso apasionado de ganar un alto perfil a través de la *Torah*. Inmediatamente después, Hillel aconseja al estudiante de la *Torah* que aumente sus conocimientos y dice que aquel que no estudia y no hace ninguna contribución original es comparado con un eunuco que no hace ninguna contribución a la demografía de su comunidad y debe ser equiparado con un objeto inanimado, es decir, merece la muerte. Además, Hillel advierte a aquel que ha aprendido una gran cantidad de *Torah* que no utilice el conocimiento de la *Torah* que ha adquirido como una corona para engrandecer su nombre.

I-14

הוּא הָיָה אוֹמֵר, אִם אֵין אֲנִי לִי, מִי לִי. וּכְשֶׁאֲנִי לְעַצְמִי, מָה אֲנִי. וְאִם לֹא עַכְשָׁיו, אֵימָתָי:

Él solía decir: si no soy para mí, ¿quién es para mí? Pero si soy para mí mismo, ¿qué soy? Y si no es ahora, ¿cuándo?

COMENTARIO DE ISAAC ABRAVANEL

Si no aprovecho ahora todas las oportunidades para avanzar, desarrollarme y crecer, ¿cuándo lo haré? Empieza ahora: *carpe diem*. La gente tiene libre albedrío. Su destino está en sus propias manos. Si no es ahora, ¿cuándo? La vida es imprevisible. Hazlo ahora. Puede que no llegues a hacerlo en tu vejez. Puede incluso que no haya vejez.

I-15

שַׁמַּאי אוֹמֵר, עֲשֵׂה תוֹרָתְךָ קֶבַע. אֱמֹר מְעַט וַעֲשֵׂה הַרְבֵּה,
וֶהֱוֵי מְקַבֵּל אֶת כָּל הָאָדָם בְּסֵבֶר פָּנִים יָפוֹת:

Shammai solía decir: haz de tu *Torah* una práctica fija; habla poco, pero haz mucho; y recibe a todos los hombres con un semblante agradable.

COMENTARIO DE ISAAC ABRAVANEL

Aquel que hace del estudio de la *Torah* algo primordial en su vida, será considerado primordial en el mundo venidero.

I-16

רַבָּן גַּמְלִיאֵל הָיָה אוֹמֵר, עֲשֵׂה לְךָ רַב, וְהִסְתַּלֵּק מִן הַסָּפֵק,
וְאַל תַּרְבֶּה לְעַשֵּׂר אֹמָדוֹת:

Rabbán Gamliel solía decir: designa para ti un maestro, evita la duda y no acostumbres a diezmar por conjeturas.[8]

COMENTARIO DE ISAAC ABRAVANEL

Si estudias solo, tendrás muchas preguntas y dudas. Estudia con otra persona: la aportación de otra persona ayudará a resolver tus dudas.

En primer lugar, ¿por qué no se menciona en absoluto a Shimón, el padre de Rabbán Gamliel de nuestra *mishná*? Sucedió a Hillel en la presidencia del Sanhedrín. El Rabbán Gamliel citado aquí es Rabbán Gamliel el Anciano. En la siguiente *mishnah* el sabio es Rabban Shimon, hijo, pero en la *mishnah* siguiente se salta una vez más una generación. ¿Por qué estos cambios? Para solucionar estos problemas, Abravanel establece una serie de reglas fundamentales sobre la metodología de los *Pirke Avot*. En primer lugar, afirma que no se nos da una lista de los presidentes del Sanhedrín, sino una lista de maestros y discípulos. Si no hay declaraciones registradas de un presidente que encajen en el esquema del tratado, ese presidente no se menciona. En segundo lugar, Hillel vivió hasta la edad de 120 años, por lo que es legítimo ver a su nieto, Rabbán Gamliel el Anciano, como el discípulo que recibió la tradición de ellos.

---

8. No confíes en tu criterio personal.

שִׁמְעוֹן בְּנוֹ אוֹמֵר, כָּל יָמַי גָּדַלְתִּי בֵין הַחֲכָמִים, וְלֹא מָצָאתִי לַגּוּף טוֹב אֶלָּא שְׁתִיקָה. וְלֹא הַמִּדְרָשׁ הוּא הָעִקָּר, אֶלָּא הַמַּעֲשֶׂה. וְכָל הַמַּרְבֶּה דְבָרִים, מֵבִיא חֵטְא:

Shimon, su hijo, solía decir: todos mis días crecí entre los sabios, y no he encontrado nada mejor para el cuerpo que el silencio. El estudio no es lo más importante, sino las acciones; quien se entrega a demasiadas palabras trae consigo el pecado.

COMENTARIO DE ISAAC ABRAVANEL

Los defectos de esta *mishnah* son evidentes. Rabbán Shimon ben Gamliel nos enseña que no hay nada mejor que el silencio. Sin embargo, ¿no es cierto que en el mundo académico y en los círculos intelectuales los debates, la argumentación, las refutaciones y la persuasión son la esencia del diálogo? La presentación y la refutación son condición *sine qua non* para el debate intelectual. Del mismo modo, la única diferencia entre los seres humanos y los animales es la capacidad de los formadores para hablar. ¿Cómo es posible que Rabban Shimon haya pensado que el silencio es una virtud? Además, encontramos en la *Torah* que Dios dijo a Moisés: «¿Quién ha hecho la boca del hombre?». (*Éxodo* IV-11). Por último, ¿por qué Rabban Shimon afirma que durante toda su vida no ha encontrado nada mejor para un cuerpo que el silencio? ¿No habría sido más apropiado que en lugar de «cuerpo» (גוּף) hubiera dicho «persona»?

I-18

רַבָּן שִׁמְעוֹן בֶּן גַּמְלִיאֵל אוֹמֵר, עַל שְׁלֹשָׁה דְבָרִים הָעוֹלָם עוֹמֵד, עַל הַדִּין וְעַל הָאֱמֶת וְעַל הַשָּׁלוֹם, שֶׁנֶּאֱמַר (זכריה ח) אֱמֶת וּמִשְׁפַּט שָׁלוֹם שִׁפְטוּ בְּשַׁעֲרֵיכֶם:

Rabban Shimon ben Gamliel solía decir: el mundo se apoya en tres cosas: en la justicia, en la verdad y en la paz, como ha sido dicho: «ejecuta el juicio de la verdad y la paz en tus puertas» (*Zacarías* VIII-16).

COMENTARIO DE ISAAC ABRAVANEL

¿Acaso no es esta *mishnah* redundante a la luz de la segunda *mishnah* de este capítulo, en la que Shimon ha-Zaddik propuso que el mundo se sostiene sobre tres principios: ¿La *Torah*, el culto divino y los actos de bondad? ¿Cuál era el propósito de Rabbán Shimon ben Gamliel al repetir algo que es bastante parecido en esencia al que acabamos de mencionar?

Rabbán Shimon ben Gamliel está resumiendo las partes anteriores de este capítulo. Algunos de los sabios de las *mishnayot* anteriores parecen subrayar la importancia de asumir posiciones de autoridad y dicen que un hombre debe dedicarse a administrar justicia, por ejemplo, interrogando a los testigos adecuadamente como enseñaban Iehudah ben Tabbai y Shimon ben Shatah. Otros sostenían que uno debía odiar la autoridad y dedicarse al trabajo manual, como defendía Shemayah. Y otros afirmaban que ninguno de estos dos caminos es el correcto, sino que el hombre debe dedicarse total y exclusivamente al estudio de la *Torah*, como enseñaba Hillel. Rabbán Shimon ben Gamliel decía que el mundo existe gracias a a los tres. Es decir, que necesitamos las tres posiciones, delineadas anteriormente en el capítulo por los sabios, y todas ellas son necesarias para que el mundo exista. Necesitamos personas que se conviertan en jueces, porque de lo contrario habrá un caos desastroso. Éste es el sentido de la «justicia". Necesitamos personas que se dediquen y consagren a la *Torah*. Esto es lo que el sabio quiso decir con «verdad", porque las verdades eternas sólo pueden descubrirse en la *Torah*. Por último, necesitamos personas que se ocupen de la artesanía y del trabajo sencillo, porque a través de sus esfuerzos se puede conseguir una sociedad pacífica. Esto es lo que el sabio quiso decir con «paz", porque sólo una sociedad ordenada y productiva puede traer la paz.

CAPÍTULO II

II-1

רַבִּי אוֹמֵר, אֵיזוֹהִי דֶרֶךְ יְשָׁרָה שֶׁיָּבֹר לוֹ הָאָדָם, כֹּל שֶׁהִיא תִ־
פְאֶרֶת לְעֹשֶׂיהָ וְתִפְאֶרֶת לוֹ מִן הָאָדָם. וֶהֱוֵי זָהִיר בְּמִצְוָה
קַלָּה כְּבַחֲמוּרָה, שֶׁאֵין אַתָּה יוֹדֵעַ מַתַּן שְׂכָרָן שֶׁל מִצְוֹת. וֶהֱוֵי
מְחַשֵּׁב הֶפְסֵד מִצְוָה כְּנֶגֶד שְׂכָרָה, וּשְׂכַר עֲבֵרָה כְּנֶגֶד הֶפְסֵ־
דָהּ. וְהִסְתַּכֵּל בִּשְׁלֹשָׁה דְבָרִים וְאִי אַתָּה בָא לִידֵי עֲבֵרָה, דַּע
מַה לְמַעְלָה מִמְּךָ, עַיִן רוֹאָה וְאֹזֶן שׁוֹמַעַת, וְכָל מַעֲשֶׂיךָ בַּסֵּפֶר
נִכְתָּבִין:

Rabbí dijo: ¿Cuál es el camino recto que un hombre debe elegir para sí mismo? Aquel que es un honor para la persona que lo sigue, y es un honor para los demás. Y hay que tener cuidado con un precepto leve como con uno grave, pues no conocéis la recompensa por el cumplimiento de los preceptos. Además, tened en cuenta la pérdida de un precepto[1] frente a la recom-

---

1. La pérdida que se puede sufrir por cumplirlo.

pensa[2] por ello, y la ganancia por una transgresión frente a la pérdida[3] por ello. Aplica tu mente a tres cosas y no caerás en las garras del pecado: Conoce lo que hay por encima de ti: un ojo que ve, un oído que escucha, y todas tus acciones están escritas en un libro.

COMENTARIO DE ISAAC ABRAVANEL

¿Qué camino debe tomar un hombre recto? ¿Debe usar su intelecto para decidir de qué actividad se sentirá orgulloso, de qué se sentirá orgulloso Dios o de qué se sentirán orgullosos otros hombres? ¿Debe intentar juzgar la importancia relativa de las *Mitzvot* ligeras, pesadas, fáciles o severas? No. Debe limitarse a seguir la *Torah*. Todas sus acciones están escritas en el libro. La forma en que debe actuar está en la *Torah*. Que lo haga y Dios evaluará sus acciones con su ojo que ve y su oído que escucha.

II-2

רַבָּן גַּמְלִיאֵל בְּנוֹ שֶׁל רַבִּי יְהוּדָה הַנָּשִׂיא אוֹמֵר, יָפֶה תַלְמוּד תּוֹרָה עִם דֶּרֶךְ אֶרֶץ, שֶׁיְּגִיעַת שְׁנֵיהֶם מְשַׁכַּחַת עָוֹן. וְכָל תּוֹרָה שֶׁאֵין עִמָּהּ מְלָאכָה, סוֹפָהּ בְּטֵלָה וְגוֹרֶרֶת עָוֹן. וְכָל הָעֲמֵלִים עִם הַצִּבּוּר, יִהְיוּ עֲמֵלִים עִמָּהֶם לְשֵׁם שָׁמַיִם, שֶׁזְּכוּת אֲבוֹתָם מְסַיַּעְתָּן וְצִדְקָתָם עוֹמֶדֶת לָעַד. וְאַתֶּם, מַעֲלֶה אֲנִי עֲלֵיכֶם שָׂכָר הַרְבֵּה כְּאִלּוּ עֲשִׂיתֶם:

---

2. Que puede obtenerse con su cumplimiento.
3. Que ocasiona transgredir.

Rabbán Gamliel, hijo de Rabbí Iehudah Hanasi, dijo: el estudio de la *Torah* es excelente cuando se combina con una ocupación mundana, porque el trabajo en ambos mantiene el pecado fuera de la mente; pero la *Torah* que no se combina con una ocupación mundana, al final llega a ser descuidada y se convierte en la causa del pecado. Y todos los que trabajan con la comunidad, deben trabajar con ellos por el bien del Cielo, pues el mérito de sus antepasados los sostiene, y su justicia[4] perdura para siempre; y en cuanto a vosotros, os acredito con una rica recompensa, como si hubierais logrado.

COMENTARIO DE ISAAC ABRAVANEL

¿Cómo podemos entonces diferenciar una *Mitzvah* ligera de una pesada si no se puede calcular la pérdida o el beneficio de no realizarla o de realizarla?

«Ocupación mundana» en nuestra *mishnah* implica artesanía y trabajo manual, y la idea es que es bueno estudiar *Torah* y dedicarse a un oficio para mantenerse. El razonamiento detrás de esto es la premisa de que si una persona estudia la *Torah* sabrá lo que está permitido y lo que está prohibido y al trabajar para ganarse la vida no tendrá que engañar a otras personas para encontrar sustento.

El Rabbán Gamliel de nuestra *mishnah* nos sorprende cuando sostiene que el estudio de la *Torah* que no se

---

4. La de los antepasados.

combina con el trabajo conducirá al pecado. ¿Es concebible que el estudio de la *Torah* -con o sin trabajo- pueda conducir a la pecaminosidad?

Por otra parte, Rabbán Gamliel, al hablar de trabajar con la comunidad, dice: «os acredito con una rica recompensa». ¿Qué licencia tenía Rabban Gamliel para dar o negar la recompensa? ¿Qué ser humano puede atribuirse el poder de hacerlo? ¿Acaso no es esto un descaro contra Dios?

II-3

הֱווּ זְהִירִין בָּרָשׁוּת, שֶׁאֵין מְקָרְבִין לוֹ לָאָדָם אֶלָּא לְצֹרֶךְ עַצְמָן. נִרְאִין כְּאוֹהֲבִין בִּשְׁעַת הֲנָאָתָן, וְאֵין עוֹמְדִין לוֹ לָאָדָם בִּשְׁעַת דָּחְקוֹ:

Ten cuidado con las autoridades gobernantes, porque no se hacen amigos de una persona si no es por sus propias necesidades; parecen amigos cuando es por su propio interés, pero no están al lado de un hombre en la hora de su angustia.

COMENTARIO DE ISAAC ABRAVANEL

Rabban Gamliel nos exhorta a ser cautelosos con las autoridades gobernantes. Sin embargo, no especifica si eso significa que uno debe buscar su estrecha amistad o que debe distanciarse de ellos. «Ten cuidado…» puede tener ambos significados. No aceptes un puesto de rabino por nombramiento del gobierno, pues estarás en deuda con el gobierno y éste podría obligarte a modificar tus decisiones. Es probable, además, que el gobierno te explote.

II-4

הוּא הָיָה אוֹמֵר, עֲשֵׂה רְצוֹנוֹ כִרְצוֹנְךָ, כְּדֵי שֶׁיַּעֲשֶׂה רְצוֹנְךָ כִּרְ־צוֹנוֹ. בַּטֵּל רְצוֹנְךָ מִפְּנֵי רְצוֹנוֹ, כְּדֵי שֶׁיְּבַטֵּל רְצוֹן אֲחֵרִים מִפְּנֵי רְצוֹנֶךָ. הִלֵּל אוֹמֵר, אַל תִּפְרֹשׁ מִן הַצִּבּוּר, וְאַל תַּאֲמִין בְּעַצְמְךָ עַד יוֹם מוֹתְךָ, וְאַל תָּדִין אֶת חֲבֵרְךָ עַד שֶׁתַּגִּיעַ לִמְקוֹמוֹ, וְאַל תֹּאמַר דָּבָר שֶׁאִי אֶפְשָׁר לִשְׁמֹעַ, שֶׁסּוֹפוֹ לְהִשָּׁמַע. וְאַל תֹּאמַר לִכְשֶׁאֶפָּנֶה אֶשְׁנֶה, שֶׁמָּא לֹא תִפָּנֶה:

Solía decir: haz su voluntad como si fuera la tuya, para que Él haga tu voluntad como si fuera la suya. Deja de lado tu voluntad ante Su voluntad, para que Él deje de lado la voluntad de los demás en aras de la tuya. Hillel dijo: no te separes de la comunidad, no confíes en ti mismo hasta el día de tu muerte, no juzgues a tu prójimo hasta que hayas llegado a su lugar. No digas algo que no se pueda entender [confiando] en que al final se entenderá. No digas: «cuando tenga tiempo libre estudiaré»; quizás no tengas tiempo libre.

COMENTARIO DE ISAAC ABRAVANEL

Rabban Gamliel nos ruega que hagamos nuestra voluntad como la suya. Si se refería a la voluntad de Dios,

¿por qué no especificó: «Haz tu voluntad como la voluntad de Dios"? Dado que la palabra «Dios» no aparece en toda la *mishnah,* ¿cómo saber a quién se refiere la palabra «Su»?

Una persona que tiene la cabeza vacía y que no la llena de *Torah,* nunca conocerá el significado del temor al pecado. El ignorante nunca conocerá el significado de la piedad.

II-5

הוּא הָיָה אוֹמֵר, אֵין בּוּר יְרֵא חֵטְא, וְלֹא עַם הָאָרֶץ חָסִיד, וְלֹא הַבַּיְשָׁן לָמֵד, וְלֹא הַקַּפְּדָן מְלַמֵּד, וְלֹא כָל הַמַּרְבֶּה בִסְחוֹרָה מַחְכִּים. וּבְמָקוֹם שֶׁאֵין אֲנָשִׁים, הִשְׁתַּדֵּל לִהְיוֹת אִישׁ:

Él solía decir: un bruto no es temeroso del pecado, ni un ignorante es piadoso; ni un tímido puede aprender, ni un impaciente puede enseñar; ni quien se dedica demasiado a los negocios llegará a ser sabio. En un lugar donde no hay hombres, esfuérzate por ser un hombre.

COMENTARIO DE ISAAC ABRAVANEL

Continuando con lo anterior, un bruto no es temeroso del pecado porque tiene la cabeza vacía y que no la llena de *Torah,* por lo que nunca conocerá el significado del temor al pecado.

II-6

אַף הוּא רָאָה גֻלְגֹּלֶת אַחַת שֶׁצָּפָה עַל פְּנֵי הַמַּיִם. אָמַר לָהּ,
עַל דַּאֲטֵפְתְּ, אַטְפוּךְ. וְסוֹף מְטִיפַיִךְ יְטוּפוּן:

Además, vio una calavera flotando en la superficie
del agua. Le dijo: porque ahogaste a otros, te ahogaron
a ti. Y al final, los que te ahogaron serán ahogados.

COMENTARIO DE ISAAC ABRAVANEL

Reconoció que la cabeza pertenecía a un conocido ban-
dido que había matado a mucha gente. Le habló como
si estuviera vivo para explicarle el sistema de justicia divina. Porque hiciste que otros se ahogaran, otros te hicieron ahogar. Hillel enseñaba que Dios revisa y com-
pensa constantemente a las personas por sus actos
(*Haskachuh Protius*) *Midah K'neged Midah*. Por lo tanto,
no pienses que lo que sucede es una coincidencia es una
incidencia «*Kah*» dictada por Dios. Esto es lo que se
entiende por justicia poética.

II-7

הוּא הָיָה אוֹמֵר, מַרְבֶּה בָשָׂר, מַרְבֶּה רִמָּה. מַרְבֶּה נְכָסִים,
מַרְבֶּה דְאָגָה. מַרְבֶּה נָשִׁים, מַרְבֶּה כְשָׁפִים. מַרְבֶּה שְׁפָחוֹת,
מַרְבֶּה זִמָּה. מַרְבֶּה עֲבָדִים, מַרְבֶּה גָזֵל. מַרְבֶּה תוֹרָה, מַרְבֶּה
חַיִּים. מַרְבֶּה יְשִׁיבָה, מַרְבֶּה חָכְמָה. מַרְבֶּה עֵצָה, מַרְבֶּה תְ־
בוּנָה. מַרְבֶּה צְדָקָה, מַרְבֶּה שָׁלוֹם. קָנָה שֵׁם טוֹב, קָנָה לְעַצְ־
מוֹ. קָנָה לוֹ דִבְרֵי תוֹרָה, קָנָה לוֹ חַיֵּי הָעוֹלָם הַבָּא:

Él solía decir: cuanta más carne, más gusanos; cuanta más propiedad, más ansiedad; cuantas más esposas, más brujería;[5] cuantas más esclavas, más lascivia; cuantas más esclavas, más robo; [pero] cuanta más *Torah*, más vida; cuanto más uno se sienta [en compañía de los sabios], más sabiduría; cuanto más consejo, más entendimiento; cuanta más caridad, más paz. Si uno adquiere un buen nombre, ha adquirido algo para sí mismo; Si uno adquiere para sí mismo el conocimiento de la *Torah*, ha adquirido la vida en el mundo venidero.

COMENTARIO DE ISAAC ABRAVANEL

¿Por qué asocia Hillel el hecho de sentarse con la adquisición de sabiduría? Porque ha sido dicho «aquel que incrementa la *Torah*, incrementa el conocimiento». El consejo es un fruto del conocimiento, que a su vez es un fruto de la *Torah*. Si alguien adquiere un buen nombre es obvio que adquiere algo para sí mismo.

---

5. En aquella época un hombre podía tener hasta cuatro esposas.

רַבָּן יוֹחָנָן בֶּן זַכַּאי קִבֵּל מֵהִלֵּל וּמִשַּׁמָּאי. הוּא הָיָה אוֹמֵר, אִם לָמַדְתָּ תוֹרָה הַרְבֵּה, אַל תַּחֲזִיק טוֹבָה לְעַצְמְךָ, כִּי לְכָךְ נוֹצַרְתָּ. חֲמִשָּׁה תַלְמִידִים הָיוּ לוֹ לְרַבָּן יוֹחָנָן בֶּן זַכַּאי, וְאֵלוּ הֵן, רַבִּי אֱלִיעֶזֶר בֶּן הוֹרְקָנוֹס, וְרַבִּי יְהוֹשֻׁעַ בֶּן חֲנַנְיָה, וְרַבִּי יוֹסֵי הַכֹּהֵן, וְרַבִּי שִׁמְעוֹן בֶּן נְתַנְאֵל, וְרַבִּי אֶלְעָזָר בֶּן עֲרָךְ. הוּא הָיָה מוֹנֶה שְׁבָחָן. רַבִּי אֱלִיעֶזֶר בֶּן הוֹרְקָנוֹס, בּוֹר סוּד שֶׁאֵינוֹ מְאַבֵּד טִפָּה. רַבִּי יְהוֹשֻׁעַ בֶּן חֲנַנְיָה, אַשְׁרֵי יוֹלַדְתּוֹ. רַבִּי יוֹסֵי הַכֹּהֵן, חָסִיד. רַבִּי שִׁמְעוֹן בֶּן נְתַנְאֵל, יְרֵא חֵטְא. וְרַבִּי אֶלְעָזָר בֶּן עֲרָךְ, מַעְיָן הַמִּתְגַּבֵּר. הוּא הָיָה אוֹמֵר, אִם יִהְיוּ כָל חַכְמֵי יִשְׂרָאֵל בְּכַף מֹאזְנַיִם, וֶאֱלִיעֶזֶר בֶּן הוֹרְקָנוֹס בְּכַף שְׁנִיָּה, מַכְרִיעַ אֶת כֻּלָּם. אַבָּא שָׁאוּל אוֹמֵר מִשְּׁמוֹ, אִם יִהְיוּ כָל חַכְמֵי יִשְׂרָאֵל בְּכַף מֹאזְנַיִם וְרַבִּי אֱלִיעֶזֶר בֶּן הוֹרְקָנוֹס אַף עִמָּהֶם, וְרַבִּי אֶלְעָזָר בֶּן עֲרָךְ בְּכַף שְׁנִיָּה, מַכְרִיעַ אֶת כֻּלָּם:

Rabban Iojanan ben Zakkai recibió [la tradición oral] de Hillel y Shammai. Solía decir: si has aprendido mucha *Torah*, no te atribuyas el mérito, porque para eso fuiste creado. Rabban Iojanan ben Zakkai tenía cinco discípulos y estos eran Rabbí Eliezer ben Hyrcanus, Rabbí Joshua ben Hananiah, Rabbí Iosi, el sacerdote, Rabbí Shimon ben Nethaneel y Rabbí Eleazar ben Araj. Él [Rabbí Johanan] solía enumerar sus virtudes más destacadas: Rabbí Eliezer ben Hyrcanus es una cisterna enlucida que no pierde ni una gota; Rabbí Josué ben Hananiah, feliz la mujer que lo dio a luz; Rabbí Iosi, el sacerdote, es un hombre piadoso; Rabbí Simeón ben Nethaneel es uno que teme el pecado, Y Rabbí Eleazar ben Araj es como un manantial que [siempre] reúne fuerza. Él [Rabbí Iojanan] solía decir: si todos los sabios de Israel estuvieran en una balanza y Rabbí Eliezer ben Hyrcanus en la otra, él los superaría a todos. Abba Shaul dijo en su nombre: si todos los sabios de Israel estuvieran en una balanza, y Rabbí Eliezer ben Hyrcanus también con ellos, y Rabbí Eleazar ben Araj en la otra balanza, él los superaría a todos.

COMENTARIO DE ISAAC ABRAVANEL

Rabban Iojanan nos enseña que alguien que ha adquirido *Torah* no ha de volverse orgulloso. ¿Por qué habría de estar orgulloso el hombre de aquello para lo que ha sido creado?

II-9

אָמַר לָהֶם, צְאוּ וּרְאוּ אֵיזוֹהִי דֶרֶךְ יְשָׁרָה שֶׁיִּדְבַּק בָּהּ הָאָדָם. רַבִּי אֱלִיעֶזֶר אוֹמֵר, עַיִן טוֹבָה. רַבִּי יְהוֹשֻׁעַ אוֹמֵר, חָבֵר טוֹב. רַבִּי יוֹסֵי אוֹמֵר, שָׁכֵן טוֹב. רַבִּי שִׁמְעוֹן אוֹמֵר, הָרוֹאֶה אֶת הַנּוֹלָד. רַבִּי אֶלְעָזָר אוֹמֵר, לֵב טוֹב. אָמַר לָהֶם, רוֹאֶה אֲנִי אֶת דִּבְרֵי אֶלְעָזָר בֶּן עֲרָךְ מִדִּבְרֵיכֶם, שֶׁבִּכְלָל דְּבָרָיו דִּבְרֵיכֶם. אָמַר לָהֶם צְאוּ וּרְאוּ אֵיזוֹהִי דֶרֶךְ רָעָה שֶׁיִּתְרַחֵק מִמֶּנָּה הָאָדָם. רַבִּי אֱלִיעֶזֶר אוֹמֵר, עַיִן רָעָה. רַבִּי יְהוֹשֻׁעַ אוֹמֵר, חָבֵר רָע. רַבִּי יוֹסֵי אוֹמֵר, שָׁכֵן רָע. רַבִּי שִׁמְעוֹן אוֹמֵר, הַלֹּוֶה וְאֵינוֹ מְשַׁלֵּם. אֶחָד הַלֹּוֶה מִן הָאָדָם, כְּלֹוֶה מִן הַמָּקוֹם בָּרוּךְ הוּא, שֶׁנֶּאֱמַר (תהלים לז) לֹוֶה רָשָׁע וְלֹא יְשַׁלֵּם, וְצַדִּיק חוֹנֵן וְנוֹתֵן. רַבִּי אֶלְעָזָר אוֹמֵר, לֵב רָע. אָמַר לָהֶם, רוֹאֶה אֲנִי אֶת דִּבְרֵי אֶלְעָזָר בֶּן עֲרָךְ מִדִּבְרֵיכֶם, שֶׁבִּכְלָל דְּבָרָיו דִּבְרֵיכֶם:

Él [Rabbí Iojanan] les dijo: salid y observad cuál es el camino correcto al que debe apegarse un hombre. Rabbí Eliezer dijo: un buen ojo; Rabbí Josué dijo: un buen compañero; Rabbí Iosi dijo: un buen vecino; Rabbí Shimon dijo: el que ve el nacimiento.[6] Rabbí Eleazar dijo, un buen corazón. Él [Rabbí Iojanan] les dijo: prefiero las palabras de Eleazar ben Araj, porque en sus palabras están incluidas las vuestras. Él [Rabbí Iojanan] les dijo: salid y observad cuál es el mal camino que debe evitar un hombre. Rabbí Eliezer dijo, un mal ojo; Rabbí Josué dijo, un mal compañero; Rabbí Iosi dijo, un mal vecino; Rabbí Shimon dijo, uno que pide prestado y no lo devuelve, porque el que pide prestado al hombre es como el que pide prestado al Lugar,[7] bendito sea, como ha sido dicho, «el malvado pide prestado y no lo devuelve, pero el justo tiene gracia y da» (*Salmos* XXVII-21). Rabbí Eleazar dijo: un corazón malvado. Él [Rabbí Iojanan] les dijo: prefiero las palabras de Eleazar ben Araj, porque en sus palabras están incluidas las vuestras.

COMENTARIO DE ISAAC ABRAVANEL

Si pusieras a todos los sabios de Israel en una balanza y a Rabbí Eleazar en otra, pesaría más que todos ellos, debido al buen corazón.

---

6. De las cosas que van a ocurrir antes de que ocurran.

7. Una manera de denominar a Dios.

Para Abravanel un mal ojo significa que su poseedor no se concentra y examina todo lo que ve lo suficiente como para retenerlo en la memoria.

II-10

הֵם אָמְרוּ שְׁלֹשָׁה דְבָרִים. רַבִּי אֱלִיעֶזֶר אוֹמֵר, יְהִי כְבוֹד חֲבֵרְךָ חָבִיב עָלֶיךָ כְּשֶׁלָּךְ, וְאַל תְּהִי נוֹחַ לִכְעֹס. וְשׁוּב יוֹם אֶחָד לִפְנֵי מִיתָתְךָ. וֶהֱוֵי מִתְחַמֵּם כְּנֶגֶד אוּרָן שֶׁל חֲכָמִים, וֶהֱוֵי זָהִיר בְּגַחַלְתָּן שֶׁלֹּא תִכָּוֶה, שֶׁנְּשִׁיכָתָן נְשִׁיכַת שׁוּעָל, וַעֲקִיצָתָן עֲקִיצַת עַקְרָב, וּלְחִישָׁתָן לְחִישַׁת שָׂרָף, וְכָל דִּבְרֵיהֶם כְּגַחֲלֵי אֵשׁ:

Cada uno de ellos dijo tres cosas: Rabbí Eliezer dijo: que el honor de tu amigo sea tan querido para ti como el tuyo propio; y no seas fácilmente provocado a la ira; y arrepiéntete un día antes de tu muerte. Y [también dijo:] caliéntate ante el fuego de los sabios, pero guárdate de ser chamuscado por sus carbones encendidos, porque su mordedura es la mordedura de una zorra, y su aguijón es el aguijón de un escorpión, y su silbido es el silbido de una serpiente, y todas sus palabras son como carbones de fuego.

COMENTARIO DE ISAAC ABRAVANEL

Abravanel sostiene que además de estas tres cosas, Rabbí Eliezer también dijo: «Caliéntate con el fuego de los sabios, pero ten cuidado de sus brasas».

II-11

רַבִּי יְהוֹשֻׁעַ אוֹמֵר, עַיִן הָרָע, וְיֵצֶר הָרָע, וְשִׂנְאַת הַבְּרִיּוֹת, מוֹ־
צִיאִין אֶת הָאָדָם מִן הָעוֹלָם:

El rabino Joshua dijo: el mal de ojo, la mala inclinación y el odio a la humanidad ponen a una persona
fuera del mundo.

COMENTARIO DE ISAAC ABRAVANEL

El Rambam que considera que aquí «mal de ojo» es simplemente celos. Se trata de algo tiene un efecto sobre
las personas, como si se las hubiera envenenado. Apo-
yándonos en el *Midrash Tanjuma*, sabemos que las pri-
meras Tablas fueron presentadas al pueblo de Israel con
gran fanfarria, en medio de truenos y relámpagos y
fueron destruidas. Las segundas, que lo fueron en un
ambiente modesto, no fueron afectadas por el mal
de ojo.

II-12

רַבִּי יוֹסֵי אוֹמֵר, יְהִי מָמוֹן חֲבֵרְךָ חָבִיב עָלֶיךָ כְּשֶׁלָּךְ, וְהַתְקֵן
עַצְמְךָ לִלְמֹד תּוֹרָה, שֶׁאֵינָהּ יְרֻשָּׁה לָךְ. וְכָל מַעֲשֶׂיךָ יִהְיוּ לְשֵׁם
שָׁמָיִם:

Rabbí Iosi dijo: deja que la propiedad de tu compañero sea tan valiosa para ti como la tuya propia; hazte
apto para estudiar la *Torah* porque no será tuya por he-

rencia; y deja que todas tus acciones sean por [el bien de] el nombre del Cielo.

COMENTARIO DE ISAAC ABRAVANEL

El antídoto de la Mala Inclinación es disciplinarse a uno mismo en el estudio de la *Torah*. Por medio de la *Torah* se pueden vencer fácilmente los ataques de la Mala Inclinación; sin ella, el hombre es muy vulnerable. Pero el estudio requiere disciplina, una concentración total y un sacrificio personal.

II-13

רַבִּי שִׁמְעוֹן אוֹמֵר, הֱוֵי זָהִיר בִּקְרִיאַת שְׁמַע וּבַתְּפִלָּה.
וּכְשֶׁאַתָּה מִתְפַּלֵּל, אַל תַּעַשׂ תְּפִלָּתְךָ קֶבַע, אֶלָּא רַחֲמִים וְתַ-
חֲנוּנִים לִפְנֵי הַמָּקוֹם בָּרוּךְ הוּא, שֶׁנֶּאֱמַר (יוֹאֵל ב) כִּי חַנּוּן וְרַ-
חוּם הוּא אֶרֶךְ אַפַּיִם וְרַב חֶסֶד וְנִחָם עַל הָרָעָה. וְאַל תְּהִי
רָשָׁע בִּפְנֵי עַצְמְךָ:

Rabbí Shimon dijo: tened cuidado con la lectura del *Shemá* y la oración, y cuando recéis, no hagáis de vuestra oración algo automático, sino una súplica de compasión ante Dios, pues ha sido dicho: «porque es clemente y compasivo, lento a la ira, abundante en bondad y renunciante al castigo» (*Joel* II-13); Y no seas malvado en tu propia estima.

COMENTARIO DE ISAAC ABRAVANEL

La recitación del *Shemá* no debe hacerse nunca de un modo mecánico. El *Shemá* es el punto de apoyo de toda la religión judía, eliminar este elemento sensible es como negar el judaísmo en su totalidad. La unicidad y la unidad de Dios es el corazón del judaísmo.

II-14

רַבִּי אֶלְעָזָר אוֹמֵר, הֱוֵי שָׁקוּד לִלְמֹד תּוֹרָה, וְדַע מַה שֶׁתָּשִׁיב לְאֶפִּיקוֹרוֹס. וְדַע לִפְנֵי מִי אַתָּה עָמֵל. וְנֶאֱמָן הוּא בַּעַל מְלַאכְ־תְּךָ שֶׁיְּשַׁלֶּם לָךְ שְׂכַר פְּעֻלָּתֶךְ:

Rabbí Eleazar dijo: sé diligente en el estudio de la *Torah*; y sabe cómo responder a un epicúreo,[8] y conoce ante quién trabajas, y que tu empleador es fiel, porque Él te pagará la recompensa de tu trabajo.

COMENTARIO DE ISAAC ABRAVANEL

Pero alguien puede pensar que no vale la pena entrar en una discusión con un herético, con un epicúreo, ya que le quitará tiempo y será fatigoso, pero a aquel que está trabajando para Dios, Dios lo recompensará y lo protegerá.

---

8. Un renegado.

II-15

רַבִּי טַרְפוֹן אוֹמֵר, הַיּוֹם קָצָר וְהַמְּלָאכָה מְרֻבָּה, וְהַפּוֹעֲלִים
עֲצֵלִים, וְהַשָּׂכָר הַרְבֵּה, וּבַעַל הַבַּיִת דּוֹחֵק:

Rabbí Tarfón dijo: el día es corto, y el trabajo es abundante, y los trabajadores son indolentes, y la recompensa es grande, y el dueño de la casa es insistente.

COMENTARIO DE ISAAC ABRAVANEL

Todo judío ha de estudiar la *Torah*, pero los días de la vida del hombre son tan pocos, que cuesta comprometerse en un estudio profundo de la *Torah*, y hay que escoger entre éste y el trabajo cotidiano.

II-16

הוּא הָיָה אוֹמֵר, לֹא עָלֶיךָ הַמְּלָאכָה לִגְמֹר, וְלֹא אַתָּה בֶן חוֹרִין
לְבָטֵל מִמֶּנָּה. אִם לָמַדְתָּ תוֹ
רָה הַרְבֵּה, נוֹתְנִים לְךָ שָׂכָר הַרְבֵּה. וְנֶאֱמָן הוּא בַעַל מְלַאכְ־
תְּךָ שֶׁיְשַׁלֶּם לְךָ שְׂכַר פְּעֻלָּתֶךָ. וְדַע מַתַּן שְׂכָרָן שֶׁל צַדִּיקִים לֶ־
עָתִיד לָבֹא:

Él [Rabbí Tarfón] solía decir: no es tu deber terminar el trabajo, pero tampoco estás en libertad de descuidarlo; si has estudiado mucha *Torah*, recibirás mucha recompensa. Tu empleador es fiel a la hora de pagarte la recompensa de tu trabajo; y debes saber que la recompensa para los justos es en el futuro venidero.

COMENTARIO DE ISAAC ABRAVANEL

Si una persona piensa que, dado que no puede alcanzar un alto grado en el estudio de la *Torah* y en el trabajo de este mundo, quizá es mejor que no haga ningún esfuerzo en ninguna de las dos disciplinas, de ahí que Rabbí Tarfón diga que «no estás en libertad de descuidarlo».

CAPÍTULO III

III-1

עֲקַבְיָא בֶן מַהֲלַלְאֵל אוֹמֵר, הִסְתַּכֵּל בִּשְׁלשָׁה דְבָרִים וְאִי אַתָּה
בָא לִידֵי עֲבֵרָה. דַע מֵאַיִן בָּאתָ, וּלְאָן אַתָּה הוֹלֵךְ, וְלִפְנֵי מִי
אַתָּה עָתִיד לִתֵּן דִּין וְחֶשְׁבּוֹן. מֵאַיִן בָּאתָ, מִטִּפָּה סְרוּחָה,
וּלְאָן אַתָּה הוֹלֵךְ, לִמְקוֹם עָפָר רִמָּה וְתוֹלֵעָה. וְלִפְנֵי מִי אַתָּה
עָתִיד לִתֵּן דִּין וְחֶשְׁבּוֹן, לִפְנֵי מֶלֶךְ מַלְכֵי הַמְּלָכִים הַקָּדוֹשׁ בָּרוּךְ
הוּא:

Akabiah ben Mahalalel dijo: observad bien tres cosas
y no caeréis en manos del pecado: sabed de dónde ve-
nís, y a dónde vais, y ante quién estáis destinados a dar
cuenta y a rendir cuentas. ¿De dónde Rabbí? De una
gota pútrida. ¿Adónde vais? A un lugar de polvo, de bi-
chos y de gusanos. ¿Ante quién vas a rendir cuentas? Ante el Rey de los reyes de reyes, el Santo, bendito sea.

COMENTARIO DE ISAAC ABRAVANEL

Estas tres cosas están en relación con la *Torah*, el servicio del Templo y la práctica de actos de bondad.

III-2

רַבִּי חֲנִינָא סְגַן הַכֹּהֲנִים אוֹמֵר, הֱוֵי מִתְפַּלֵּל בִּשְׁלוֹמָהּ שֶׁל מַלְ־
כוּת, שֶׁאִלְמָלֵא מוֹרָאָהּ, אִישׁ אֶת רֵעֵהוּ חַיִּים בְּלָעוֹ. רַבִּי חֲנִי־
נָא בֶן תְּרַדְיוֹן אוֹמֵר, שְׁנַיִם שֶׁיּוֹשְׁבִין וְאֵין בֵּינֵיהֶן דִּבְרֵי תוֹרָה,
הֲרֵי זֶה מוֹשַׁב לֵצִים, שֶׁנֶּאֱמַר (תהלים א) וּבְמוֹשַׁב לֵצִים לֹא
יָשָׁב. אֲבָל שְׁנַיִם שֶׁיּוֹשְׁבִין וְיֵשׁ בֵּינֵיהֶם דִּבְרֵי תוֹרָה, שְׁכִינָה
שְׁרוּיָה בֵינֵיהֶם, שֶׁנֶּאֱמַר (מלאכי ג) אָז נִדְבְּרוּ יִרְאֵי יְיָ אִישׁ אֶל
רֵעֵהוּ וַיַּקְשֵׁב יְיָ וַיִּשְׁמָע וַיִּכָּתֵב סֵפֶר זִכָּרוֹן לְפָנָיו לְיִרְאֵי יְיָ וּלְחֹ־
שְׁבֵי שְׁמוֹ. אֵין לִי אֶלָּא שְׁנַיִם, מִנַּיִן שֶׁאֲפִלּוּ אֶחָד שֶׁיּוֹשֵׁב וְעוֹ־
סֵק בַּתּוֹרָה, שֶׁהַקָּדוֹשׁ בָּרוּךְ הוּא קוֹבֵעַ לוֹ שָׂכָר, שֶׁנֶּאֱמַר
(איכה ג) יֵשֵׁב בָּדָד וְיִדֹּם כִּי נָטַל עָלָיו:

Rabbí Janina, el ayudante del sacerdote dijo: reza por el bienestar del gobierno, pues si no fuera por el temor que inspira, cada hombre se tragaría vivo a su vecino. Rabbí Hananiah ben Teradion dijo: si dos se sientan juntos y no hay palabras de la *Torah* [habladas] entre ellos, entonces se trata de una reunión de despreciadores, como ha sido dicho: «ni se sienta en la silla de los escarnecedores...» (*Salmos* I-1); pero si dos se sientan juntos y hay palabras de la *Torah* [habladas] entre ellos, entonces la Shekinah habita entre ellos, como ha sido dicho: «entonces los que temían al Señor hablaron entre sí; y el Señor escuchó y oyó, y se escribió un libro de recuerdos ante Él, para los que temían al Señor y pensaban en Su nombre» (*Malaquías* III-16). Ahora bien, no tengo ninguna [prueba bíblica de la presencia de la Shekinah] excepto [entre] dos, ¿cómo [sabemos] que incluso uno que se sienta y estudia la *Torah* el Santo, bendito sea, fija su recompensa?: «aunque se siente solo y [medite] en la quietud, toma [una recompensa] para sí mismo» (*Lamentaciones* III-28).

COMENTARIO DE ISAAC ABRAVANEL

Antiguamente y en algunas naciones modernas el pilar del gobierno era el rey, el dictador o el presidente.

Si dos hombres se sientan juntos y no hay palabras de *Torah*, es una reunión de desdeñosos, pero si hay palabras de *Torah*, entonces la Presencia divina está entre ellos.

III-3

רַבִּי שִׁמְעוֹן אוֹמֵר, שְׁלֹשָׁה שֶׁאָכְלוּ עַל שֻׁלְחָן אֶחָד וְלֹא אָמְרוּ עָלָיו דִּבְרֵי תוֹרָה, כְּאִלּוּ אָכְלוּ מִזִּבְחֵי מֵתִים, שֶׁנֶּאֱמַר (ישעיה כח) כִּי כָּל שֻׁלְחָנוֹת מָלְאוּ קִיא צֹאָה בְּלִי מָקוֹם. אֲבָל שְׁלֹשָׁה שֶׁאָכְלוּ עַל שֻׁלְחָן אֶחָד וְאָמְרוּ עָלָיו דִּבְרֵי תוֹרָה, כְּאִלּוּ אָכְלוּ מִשֻּׁלְחָנוֹ שֶׁל מָקוֹם בָּרוּךְ הוּא, שֶׁנֶּאֱמַר (יחזקאל מא) וַיְדַבֵּר אֵלַי זֶה הַשֻּׁלְחָן אֲשֶׁר לִפְנֵי ה':

Rabbí Shimon dijo: si tres han comido en una mesa y no han pronunciado allí palabras de la *Torah*, [es] como si hubieran comido sacrificios [ofrecidos] a los muertos, como ha sido dicho, «porque todas las mesas están llenas de vómito inmundo, cuando el Todopoderoso está ausente» (*Isaías* XXVIII-8). Pero, si tres han comido en una mesa, y han hablado allí palabras de la *Torah*, [es] como si hubieran comido en la mesa del Todopoderoso, bendito sea, como ha sido dicho: «Y Él me dijo, "ésta es la mesa ante el Señor"» (*Ezequiel* XLI-22).

COMENTARIO DE ISAAC ABRAVANEL
El versículo del libro de Isaías no se refiere a la gente que no habla palabras de *Torah* en la mesa, sino a los borrachos y los glotones. La más inócua de las acciones puede estar llena de pecado si no hay *Torah*.

III-4

רַבִּי חֲנִינָא בֶן חֲכִינַאי אוֹמֵר, הַנֵּעוֹר בַּלַּיְלָה וְהַמְהַלֵּךְ בַּדֶּרֶךְ יְחִידִי וְהַמְפַנֶּה לִבּוֹ לְבַטָּלָה, הֲרֵי זֶה מִתְחַיֵּב בְּנַפְשׁוֹ:

Rabbí Hananiah ben Hakinai dijo: el que se despierta de noche, o camina solo por el camino y vuelca su corazón en asuntos ociosos, he aquí que este hombre es mortalmente culpable.

COMENTARIO DE ISAAC ABRAVANEL

Rabbí Hananiah ben Hakinai nos enseñó que la *Torah* es la única defensa ante el pecado por pensamiento. Si un hombre se despierta por la noche, cuando todo está en silencio o camina solo sin que nadie le moleste, y permite que entren en su mente pensamientos vanos, este hombre está pecando contra su propia alma.

III-5

רַבִּי נְחוּנְיָא בֶּן הַקָּנָה אוֹמֵר, כָּל הַמְקַבֵּל עָלָיו עֹל תּוֹרָה, מַעֲ־
בִירִין מִמֶּנּוּ עֹל מַלְכוּת וְעֹל דֶּרֶךְ אֶרֶץ. וְכָל הַפּוֹרֵק מִמֶּנּוּ עֹל
תּוֹרָה, נוֹתְנִין עָלָיו עֹל מַלְכוּת וְעֹל דֶּרֶךְ אֶרֶץ:

Rabbí Nehunia ben Hakkanah dijo: a aquel que toma el yugo de la *Torah*, le quitan el yugo del gobierno y el yugo de las preocupaciones mundanas, y a aquel que rompe con el yugo de la *Torah*, le ponen el yugo del gobierno y el yugo de las preocupaciones mundanas.

COMENTARIO DE ISAAC ABRAVANEL

Cuando una persona se obliga a sí misma a estudiar la *Torah*, Dios hará que se lo libere de las obligaciones hacia el gobierno y de las preocupaciones mundanas.

רַבִּי חֲלַפְתָּא בֶּן דּוֹסָא אִישׁ כְּפַר חֲנַנְיָה אוֹמֵר, עֲשָׂרָה
שֶׁיּוֹשְׁבִין וְעוֹסְקִין בַּתּוֹרָה, שְׁכִינָה שְׁרוּיָה בֵּינֵיהֶם, שֶׁנֶּאֱמַר
(תהלים פב) אֱלֹהִים נִצָּב בַּעֲדַת אֵל. וּמִנַּיִן אֲפִלּוּ חֲמִשָּׁה, שֶׁ־
נֶּאֱמַר (עמוס ט) וַאֲגֻדָּתוֹ עַל אֶרֶץ יְסָדָהּ. וּמִנַּיִן אֲפִלּוּ שְׁלֹשָׁה,
שֶׁנֶּאֱמַר (תהלים פב) בְּקֶרֶב אֱלֹהִים יִשְׁפֹּט. וּמִנַּיִן אֲפִלּוּ שְׁנַיִם,
שֶׁנֶּאֱמַר (מלאכי ג) אָז נִדְבְּרוּ יִרְאֵי ה' אִישׁ אֶל רֵעֵהוּ וַיַּקְשֵׁב
ה' וַיִּשְׁמָע וְגו'. וּמִנַּיִן אֲפִלּוּ אֶחָד, שֶׁנֶּאֱמַר (שמות כ) בְּכָל הַמָּ־
קוֹם אֲשֶׁר אַזְכִּיר אֶת שְׁמִי אָבֹא אֵלֶיךָ וּבֵרַכְתִּיךָ:

Rabbí Halafta ben Dosa, de Kefar Hanania, dijo:
cuando diez se sientan juntos y se ocupan de la *Torah*, la
Shekinah permanece entre ellos, como ha sido dicho:
«Dios (*Elohim*) está en la congregación de Dios (*El*)»
(*Salmos* LXXXII-1). ¿Cómo sabemos que lo mismo
ocurre incluso con cinco? Es como ha sido dicho: «Este
grupo suyo lo ha establecido en la Tierra» (*Amós* IX-6).
¿Cómo sabemos que lo mismo ocurre incluso con tres?
Es como ha sido dicho: «En medio de los jueces Él juzga» (*Salmos* LXXXII-1) ¿Cómo sabemos que lo mismo
es cierto incluso de dos? Es como ha sido dicho: «Entonces los que temen al Señor hablaron entre sí, y el
Señor escuchó y oyó» (*Malaquías* III-16). ¿Cómo sabemos que lo mismo ocurre incluso con uno? Es como ha
sido dicho: «En todo lugar donde haga mención de mi
nombre vendré a ti y te bendeciré» (*Éxodo* XX-21).

COMENTARIO DE ISAAC ABRAVANEL

No tendrás incertidumbre sobre tu «propósito en la vida»-tu *derej*.[1] No sentirás que las peticiones de Dios son una carga - las entenderás. Otras ansiedades se desvanecerán a medida que te absorba el aprendizaje.

III-7

רַבִּי אֶלְעָזָר אִישׁ בַּרְתּוֹתָא אוֹמֵר, תֶּן לוֹ מִשֶּׁלּוֹ, שֶׁאַתָּה וְשֶׁלְּךָ שֶׁלּוֹ. וְכֵן בְּדָוִד הוּא אוֹמֵר (דברי הימים א כט) כִּי מִמְּךָ הַכֹּל וּמִיָּדְךָ נָתַנּוּ לָךְ. רַבִּי שִׁמְעוֹן אוֹמֵר, הַמְהַלֵּךְ בַּדֶּרֶךְ וְשׁוֹנֶה, וּמַפְסִיק מִמִּשְׁנָתוֹ וְאוֹמֵר, מַה נָּאֶה אִילָן זֶה וּמַה נָּאֶה נִיר זֶה, מַעֲלֶה עָלָיו הַכָּתוּב כְּאִלּוּ מִתְחַיֵּב בְּנַפְשׁוֹ:

Rabbí Eleazar de Bartota dijo: dale de lo que es Suyo, porque tú y lo que es tuyo es Suyo; y así dice con respecto a David: «porque todo viene de Ti, y de Tu propia mano te hemos dado» (1 *Crónicas* XXIX-14). Rabbí Shimon dijo: si uno está estudiando mientras camina por el camino e interrumpe su estudio y dice: «¡qué agradable es este árbol!» [o] «¡qué bonito es este campo recién arado!» la Escritura se lo cuenta como si fuera mortalmente culpable.

---

1. Literalmente, tu camino.

COMENTARIO DE ISAAC ABRAVANEL

Da caridad con generosidad porque todo lo que posees es de Él y te ha sido dado con ese propósito.

III-8

רַבִּי דוֹסְתַּאי בְּרַבִּי יַנַּאי מִשּׁוּם רַבִּי מֵאִיר אוֹמֵר, כָּל הַשּׁוֹכֵחַ דָּבָר אֶחָד מִמִּשְׁנָתוֹ, מַעֲלֶה עָלָיו הַכָּתוּב כְּאִלּוּ מִתְחַיֵּב בְּנַפְשׁוֹ, שֶׁנֶּאֱמַר (דברים ד) רַק הִשָּׁמֶר לְךָ וּשְׁמֹר נַפְשְׁךָ מְאֹד פֶּן תִּשְׁכַּח אֶת הַדְּבָרִים אֲשֶׁר רָאוּ עֵינֶיךָ. יָכוֹל אֲפִלּוּ תָקְפָה עָלָיו מִשְׁנָתוֹ, תַּלְמוּד לוֹמַר (שם) וּפֶן יָסוּרוּ מִלְּבָבְךָ כֹּל יְמֵי חַיֶּיךָ, הָא אֵינוֹ מִתְחַיֵּב בְּנַפְשׁוֹ עַד שֶׁיֵּשֵׁב וִיסִירֵם מִלִּבּוֹ:

Rabbí Dostai ben Rabbí Iannai dijo en nombre de Rabbí Meir: quien olvida una sola palabra de su estudio, la Escritura se lo cuenta como si fuera mortalmente culpable, como ha sido dicho: «Pero tened mucho cuidado y vigilad escrupulosamente, para que no olvidéis las cosas que visteis con vuestros propios ojos» (*Deuteronomio* IV-9). Uno podría [haber deducido que este es el caso] incluso cuando su estudio resultó [demasiado] duro para él, por lo que el Talmud dice: «que no se desvanezcan de tu mente mientras vivas» (*ibíd.*). Por lo tanto, no es mortalmente culpable a menos que las elimine deliberadamente de su corazón.

COMENTARIO DE ISAAC ABRAVANEL

Rabbí Dostai ben Rabbí Iannai condena al hombre que estudia *Torah* y luego olvida lo que ha estudiado, pero sólo lo considera culpable cuando desvía su atención del estudio o se distrae deliberadamente.

III-9

רַבִּי חֲנִינָא בֶּן דּוֹסָא אוֹמֵר, כָּל שֶׁיִּרְאַת חֶטְאוֹ קוֹדֶמֶת לְחָכְמָ־
תוֹ, חָכְמָתוֹ מִתְקַיֶּמֶת. וְכָל שֶׁחָכְמָתוֹ קוֹדֶמֶת לְיִרְאַת חֶטְאוֹ,
אֵין חָכְמָתוֹ מִתְקַיֶּמֶת. הוּא הָיָה אוֹמֵר, כָּל שֶׁמַּעֲשָׂיו מְרֻבִּין
מֵחָכְמָתוֹ, חָכְמָתוֹ מִתְקַיֶּמֶת. וְכָל שֶׁחָכְמָתוֹ מְרֻבָּה מִמַּעֲשָׂיו,
אֵין חָכְמָתוֹ מִתְקַיֶּמֶת:

Rabbí Janina ben Dosa dijo: cualquiera cuyo temor al pecado precede a su sabiduría, su sabiduría es duradera, pero cualquiera cuya sabiduría precede a su temor al pecado, su sabiduría no es duradera. También solía decir: cualquiera cuyos actos superan su sabiduría, su sabiduría es duradera, pero cualquiera cuya sabiduría supera sus actos, su sabiduría no es duradera.

COMENTARIO DE ISAAC ABRAVANEL

Estos aforismos están relacionados con la *mishnah* anterior.

הוּא הָיָה אוֹמֵר, כָּל שֶׁרוּחַ הַבְּרִיּוֹת נוֹחָה הֵימֶנּוּ, רוּחַ הַמָּקוֹם
נוֹחָה הֵימֶנּוּ. וְכָל שֶׁאֵין רוּחַ הַבְּרִיּוֹת נוֹחָה הֵימֶנּוּ, אֵין רוּחַ
הַמָּקוֹם נוֹחָה הֵימֶנּוּ. רַבִּי דּוֹסָא בֶּן הַרְכִּינַס אוֹמֵר, שֵׁנָה שֶׁל
שַׁחֲרִית, וְיַיִן שֶׁל צָהֳרַיִם, וְשִׂיחַת הַיְלָדִים, וִישִׁיבַת בָּתֵּי כְנֵסִיּוֹת
שֶׁל עַמֵּי הָאָרֶץ, מוֹצִיאִין אֶת הָאָדָם מִן הָעוֹלָם:

Solía decir: aquel con quien los hombres se compla-
cen, Dios se complace. Pero aquel de quien los hombres
se disgustan, Dios se disgusta. El rabino Dosa ben Har-
kinas dijo: el sueño matutino, el vino del mediodía, la
charla de los niños y el sentarse en las asambleas de los
ignorantes ponen al hombre fuera del mundo.

COMENTARIO DE ISAAC ABRAVANEL

Las advertencias de Rabbí Dosa pueden referirse a las
tres partes del día. por la mañana duerme y se pierde el
Shajarit. al mediodía bebe. Por la noche pierde el tiempo aunque esté en el *Shul*. No se permite ser elevado por
los servicios de oración diseñados para cada parte del
día —esa es la gran pérdida. Los servicios diseñados para
cada parte del día— son como tres partes de la vida de un
hombre. La mañana —la edad temprana— no se duerme
en ella. Es el momento de sentar las bases para el resto
de tu vida. Debes tener un sueño.

Todo lo que hace un estudioso de *Torah* que tiene
una pasión ardiente por la vida religiosa, tiene un propósito. No toma la vida a la ligera.

III-11

רַבִּי אֶלְעָזָר הַמּוֹדָעִי אוֹמֵר, הַמְחַלֵּל אֶת הַקֳּדָשִׁים, וְהַמְבַזֶּה אֶת הַמּוֹעֲדוֹת, וְהַמַּלְבִּין פְּנֵי חֲבֵרוֹ בָרַבִּים, וְהַמֵּפֵר בְּרִיתוֹ שֶׁל אַבְרָהָם אָבִינוּ עָלָיו הַשָּׁלוֹם, וְהַמְגַלֶּה פָנִים בַּתּוֹרָה שֶׁלֹּא כַהֲ־ לָכָה, אַף עַל פִּי שֶׁיֵּשׁ בְּיָדוֹ תוֹרָה וּמַעֲשִׂים טוֹבִים, אֵין לוֹ חֵלֶק לָעוֹלָם הַבָּא:

Rabbí Eleazar de Modiin dijo: el que profana las cosas sagradas, y el que desprecia las festividades, y el que hace que el rostro de su compañero se ruborice en público, y el que anula el pacto de nuestro padre Abraham, que descanse en paz, y el que es despectivo con la *Torah*, aunque tenga en su haber [conocimiento de la] *Torah* y buenas acciones, no tiene parte en el mundo venidero.

COMENTARIO DE ISAAC ABRAVANEL

Esta *mishnah* se refiere a aquellos que profanan los utensilios sagrados del Templo. La *Torah* dice «no harás que falte jamás de tu presente la sal de la alianza de tu Dios» (*Levítico* II-13). La sal preserva la cualidad y la textura de los alimentos durante mucho tiempo.

III-12

רַבִּי יִשְׁמָעֵאל אוֹמֵר, הֱוֵי קַל לְרֹאשׁ, וְנוֹחַ לְתִשְׁחֹרֶת, וֶהֱוֵי מְקַבֵּל אֶת כָּל הָאָדָם בְּשִׂמְחָה:

Rabbí Ismael dijo: sé liviano con un superior, sumiso bajo el servicio obligatorio, y recibe a todo hombre con alegría.

COMENTARIO DE ISAAC ABRAVANEL
Con alegría porque como dice la *Torah* (*Levítico* XIX-18): «ama a tu prójimo como a ti mismo».

III-13

רַבִּי עֲקִיבָא אוֹמֵר, שְׂחוֹק וְקַלּוּת רֹאשׁ, מַרְגִּילִין לְעֶרְוָה. מָסֹרֶת, סְיָג לַתּוֹרָה. מַעַשְׂרוֹת, סְיָג לָעֹשֶׁר. נְדָרִים, סְיָג לַפְּרִישׁוּת. סְיָג לַחָכְמָה, שְׁתִיקָה:

Rabbí Akiva dijo: la alegría y la frivolidad lo acostumbran a uno al libertinaje sexual; la tradición es una valla para la *Torah*; los diezmos una valla para la riqueza, los votos una valla para la abstinencia; una valla para la sabiduría es el silencio.

COMENTARIO DE ISAAC ABRAVANEL
Israel es amado porque se le dio un don precioso, pero fue por un amor aún mayor por lo que supieron que ese don precioso con el que fue creado el mundo les había sido dado, según ha sido escrito: «porque os doy buena enseñanza; no abandonéis mi instrucción» (*Proverbios* IV-2).

הוּא הָיָה אוֹמֵר, חָבִיב אָדָם שֶׁנִּבְרָא בְּצֶלֶם. חִבָּה יְתֵרָה נוֹדַ־
עַת לוֹ שֶׁנִּבְרָא בְּצֶלֶם, שֶׁנֶּאֱמַר (בראשית ט) כִּי בְּצֶלֶם אֱלֹהִים
עָשָׂה אֶת הָאָדָם. חֲבִיבִין יִשְׂרָאֵל שֶׁנִּקְרְאוּ בָנִים לַמָּקוֹם. חִבָּה
יְתֵרָה נוֹדַעַת לָהֶם שֶׁנִּקְרְאוּ בָנִים לַמָּקוֹם, שֶׁנֶּאֱמַר (דברים יד)
בָּנִים אַתֶּם לַה' אֱלֹהֵיכֶם. חֲבִיבִין יִשְׂרָאֵל שֶׁנִּתַּן לָהֶם כְּלִי
חֶמְדָּה. חִבָּה יְתֵרָה נוֹדַעַת לָהֶם שֶׁנִּתַּן לָהֶם כְּלִי חֶמְדָּה שֶׁבּוֹ
נִבְרָא הָעוֹלָם, שֶׁנֶּאֱמַר (משלי ד) כִּי לֶקַח טוֹב נָתַתִּי לָכֶם,
תּוֹרָתִי אַל תַּעֲזֹבוּ:

Solía decir: amado es el hombre porque fue creado a imagen [de Dios]. Especialmente amado es porque se le dio a conocer que había sido creado a imagen [de Dios], como ha sido dicho: «porque a imagen de Dios hizo al hombre» (*Génesis* IX-6). Amado es Israel porque fue llamado hijo del Todopoderoso. Especialmente amados son porque se les dio a conocer que son llamados hijos del Todopoderoso, como ha sido dicho: «sois hijos del Señor vuestro Dios» (*Deuteronomio* XIV-1). Amado es Israel porque se le dio un vaso precioso. Especialmente amados son porque se les hizo saber que el instrumento deseable, con el que el mundo había sido creado, les fue dado, como ha sido dicho: «porque yo os doy buena instrucción; no abandonéis mi enseñanza» (*Proverbios* IV-2).

COMENTARIO DE ISAAC ABRAVANEL

El pueblo de Israel es amado porque en *Éxodo* (IV-22) Dios lo llama «Mi hijo, mi primogénito, Israel».

III-15

הַכֹּל צָפוּי, וְהָרְשׁוּת נְתוּנָה, וּבְטוֹב הָעוֹלָם נִדּוֹן. וְהַכֹּל לְפִי רֹב הַמַּעֲשֶׂה:

Todo está previsto, pero se concede la libertad de elección, y el mundo es juzgado con bondad; y todo está de acuerdo con la mayoría de las acciones.

COMENTARIO DE ISAAC ABRAVANEL

La interpretación general de que Dios juzga el mundo con bondad debería estar seguida por con caridad y misericordia; la bondad no puede desempeñar ningún papel ya que el juicio se opone a la misericordia.

III-16

הוּא הָיָה אוֹמֵר, הַכֹּל נָתוּן בְּעֵרָבוֹן, וּמְצוּדָה פְרוּסָה עַל כָּל הַחַיִּים. הַחֲנוּת פְּתוּחָה, וְהַחֶנְוָנִי מַקִּיף, וְהַפִּנְקָס פָּתוּחַ, וְהַיָּד כּוֹתֶבֶת, וְכָל הָרוֹצֶה לִלְווֹת יָבֹא וְיִלְוֶה, וְהַגַּבָּאִים מַחֲזִירִים תָּדִיר בְּכָל יוֹם, וְנִפְרָעִין מִן הָאָדָם מִדַּעְתּוֹ וְשֶׁלֹּא מִדַּעְתּוֹ, וְיֵשׁ לָהֶם עַל מַה שֶּׁיִּסְמְכוּ, וְהַדִּין דִּין אֱמֶת, וְהַכֹּל מְתֻקָּן לַסְּעוּדָה:

Solía decir: todo se da contra una prenda, y una red se extiende sobre todos los vivos; la tienda está abierta y el tendero vende a crédito, pero el libro de contabilidad está abierto y la mano escribe, y aquel que quiera pedir un préstamo puede venir y pedirlo; pero los recaudadores recorren regularmente todos los días y exigen cuotas al hombre, con su consentimiento o sin su consentimiento, y tienen aquello en lo que [pueden] confiar [en sus reclamaciones], viendo que el juicio es un juicio justo, y todo está preparado para el banquete.

COMENTARIO DE ISAAC ABRAVANEL

Si alguna vez alguien cuestiona la justicia divina y se sorprende de la disparidad entre el éxito de los malvados y la angustia de los justos, ha de comprender que la duración de la vida en este mundo es limitada. Lo importante es prepararse a sí mismo para el Mundo Venidero pues allí donde se recibirá la recompensa.

רַבִּי אֶלְעָזָר בֶּן עֲזַרְיָה אוֹמֵר, אִם אֵין תּוֹרָה, אֵין דֶּרֶךְ אֶרֶץ. אִם
אֵין דֶּרֶךְ אֶרֶץ, אֵין תּוֹרָה. אִם אֵין חָכְמָה, אֵין יִרְאָה. אִם אֵין
יִרְאָה, אֵין חָכְמָה. אִם אֵין בִּינָה, אֵין דַּעַת. אִם אֵין דַּעַת, אֵין
בִּינָה. אִם אֵין קֶמַח, אֵין תּוֹרָה. אִם אֵין תּוֹרָה, אֵין קֶמַח. הוּא
הָיָה אוֹמֵר, כָּל שֶׁחָכְמָתוֹ מְרֻבָּה מִמַּעֲשָׂיו, לְמַה הוּא דוֹמֶה,
לְאִילָן שֶׁעֲנָפָיו מְרֻבִּין וְשָׁרָשָׁיו מֻעָטִין, וְהָרוּחַ בָּאָה וְעוֹקַרְתּוֹ
וְהוֹפַכְתּוֹ עַל פָּנָיו, שֶׁנֶּאֱמַר (ירמיה יז) וְהָיָה כְּעַרְעָר בָּעֲרָבָה
וְלֹא יִרְאֶה כִּי יָבוֹא טוֹב וְשָׁכַן חֲרֵרִים בַּמִּדְבָּר אֶרֶץ מְלֵחָה וְלֹא
תֵשֵׁב. אֲבָל כָּל שֶׁמַּעֲשָׂיו מְרֻבִּין מֵחָכְמָתוֹ, לְמַה הוּא דוֹמֶה,
לְאִילָן שֶׁעֲנָפָיו מֻעָטִין וְשָׁרָשָׁיו מְרֻבִּין, שֶׁאֲפִלּוּ כָל הָרוּחוֹת
שֶׁבָּעוֹלָם בָּאוֹת וְנוֹשְׁבוֹת בּוֹ אֵין מְזִיזִין אוֹתוֹ מִמְּקוֹמוֹ, שֶׁנֶּאֱמַר
(שם) וְהָיָה כְּעֵץ שָׁתוּל עַל מַיִם וְעַל יוּבַל יְשַׁלַּח שָׁרָשָׁיו וְלֹא
יִרְאֶה כִּי יָבֹא חֹם, וְהָיָה עָלֵהוּ רַעֲנָן, וּבִשְׁנַת בַּצֹּרֶת לֹא יִדְאָג,
וְלֹא יָמִישׁ מֵעֲשׂוֹת פֶּרִי:

Rabbí Eleazar ben Azariah dijo: donde no hay *Torah*, no hay conducta correcta; donde no hay conducta correcta, no hay *Torah*. Donde no hay sabiduría no hay temor de Dios; donde no hay temor de Dios, no hay sabiduría. Donde no hay entendimiento, no hay conocimiento; donde no hay conocimiento, no hay entendimiento. Donde no hay harina, no hay *Torah*; donde no hay *Torah*, no hay harina. Solía decir: aquel cuya sabiduría supera sus actos, ¿a qué puede compararse? A un árbol cuyas ramas son numerosas pero cuyas raíces son escasas, de modo que cuando llega el viento, lo desarraiga y lo derriba, como ha sido dicho: «Será como un arbusto en el desierto, que no siente la llegada del bien. Está asentado en los lugares abrasados del desierto, en una tierra estéril y sin habitantes» (*Jeremías* XVII-6). Pero aquel cuyas obras superan su sabiduría, ¿a qué puede compararse? A un árbol cuyas ramas son pocas, pero cuyas raíces son muchas, de modo que aunque vengan todos los vientos del mundo y soplen sobre él, no pueden moverlo de su sitio, como ha sido dicho: «Será como un árbol plantado junto a las aguas, que echa sus raíces junto a un arroyo. No siente la llegada del calor, sus hojas están siempre frescas. No tiene cuidado en un año de sequía; no deja de dar fruto» (*Ibid*, XVII-8).

COMENTARIO DE ISAAC ABRAVANEL

Rabbí Eleazar ben Azariah emplea cuatro conceptos básicos: sabiduría, temor, conocimiento y entendimiento. Cuando hablamos de *Torah*, nos estamos refiriendo tanto a la *Torah* oral como a la escrita. El conocimiento de la *Torah* implica una conducta correcta.

III-18

רַבִּי אֱלִיעֶזֶר בֶּן חִסְמָא אוֹמֵר, קִנִּין וּפִתְחֵי נִדָּה, הֵן הֵן גּוּפֵי הֲלָכוֹת. תְּקוּפוֹת וְגִימַטְרִיָאוֹת, פַּרְפְּרָאוֹת לַחָכְמָה:

Rabbí Eliezer Hisma dijo: las leyes de las ofrendas de aves mixtas y la clave de los cálculos de los días de la menstruación estos, son el cuerpo de la *Halajah*. El

cálculo de los equinoccios y la guematria son los aperitivos de la sabiduría.

COMENTARIO DE ISAAC ABRAVANEL

A pesar de su atractivo, el cálculo de los equinoccios y la
guematria deben conceptualizarse como los aperitivos
de la sabiduría y no como un plato esencial.

CAPÍTULO IV

IV-1

בֶּן זוֹמָא אוֹמֵר, אֵיזֶהוּ חָכָם, הַלוֹמֵד מִכָּל אָדָם, שֶׁנֶּאֱמַר (תה־
לים קיט) מִכָּל מְלַמְּדַי הִשְׂכַּלְתִּי כִּי עֵדְוֹתֶיךָ שִׂיחָה לִי. אֵיזֶהוּ
גִבּוֹר, הַכּוֹבֵשׁ אֶת יִצְרוֹ, שֶׁנֶּאֱמַר (משלי טז) טוֹב אֶרֶךְ אַפַּיִם
מִגִּבּוֹר וּמֹשֵׁל בְּרוּחוֹ מִלֹּכֵד עִיר. אֵיזֶהוּ עָשִׁיר, הַשָּׂמֵחַ בְּחֶלְקוֹ,
שֶׁנֶּאֱמַר (תהלים קכח) יְגִיעַ כַּפֶּיךָ כִּי תֹאכֵל אַשְׁרֶיךָ וְטוֹב לָךְ.
אַשְׁרֶיךָ, בָּעוֹלָם הַזֶּה. וְטוֹב לָךְ, לָעוֹלָם הַבָּא. אֵיזֶהוּ מְכֻבָּד,
הַמְכַבֵּד אֶת הַבְּרִיּוֹת, שֶׁנֶּאֱמַר (שמואל א ב) כִּי מְכַבְּדַי
אֲכַבֵּד וּבֹזַי יֵקָלּוּ:

Ben Zoma dijo: ¿Quién es sabio? El que aprende de
todos los hombres, como ha sido dicho: «De todos los
que me han enseñado he adquirido entendimiento»
(*Salmos* CXIX-99). ¿Quién es poderoso? El que domina
su inclinación [al mal], como ha sido dicho: «El que es
lento para la ira es mejor que el poderoso; y el que domina su espíritu que el que toma una ciudad» (*Proverbios* XVI-32). ¿Quién es rico? El que se alegra de su

suerte, como ha sido dicho: «Gozarás del fruto de tu trabajo, serás feliz y prosperarás» (*Salmos* CXXVIII-2) «Serás feliz» en este mundo, «y prosperarás» en el mundo venidero. ¿Quién es el que es honrado? Aquel que honra a sus semejantes como ha sido dicho: «Porque yo honro a los que me honran, pero los que me desprecian serán deshonrados» (I *Samuel* II-30).

COMENTARIO DE ISAAC ABRAVANEL

El hombre sabio es aquel que sabe lo poco que sabe. Un hombre es llamado sabio mientras busque la sabiduría como un hombre sediento que busca agua. Un hombre sabio buscará el conocimiento en todas las fuentes.

Un hombre sediento no se avergüenza de pedir a alguien un trago de agua –de su «*Melamdi*»– «mis maestros», cada uno puede enseñarle algo. Incluso un pequeño trozo de madera puede encender una gran rama (*Taanit* 7a). Un joven alumno puede aportar a menudo una idea o una pregunta que beneficiará incluso a su maestro.

IV-2

בֶּן עַזַּאי אוֹמֵר, הֱוֵי רָץ לְמִצְוָה קַלָּה כְּבַחֲמוּרָה, וּבוֹרֵחַ מִן הָעֲבֵרָה. שֶׁמִּצְוָה גּוֹרֶרֶת מִצְוָה, וַעֲבֵרָה גּוֹרֶרֶת עֲבֵרָה. שֶׁשְּׂכַר מִצְוָה, מִצְוָה. וּשְׂכַר עֲבֵרָה, עֲבֵרָה:

Ben Azzai dijo: sé rápido (en el cumplimiento de) un precepto menor como en el caso de uno mayor, y huye de la transgresión; porque un precepto lleva a otro precepto, y la transgresión lleva a otra transgresión; porque la recompensa por cumplir un precepto es otro precepto y la recompensa por cometer una transgresión es una transgresión.

COMENTARIO DE ISAAC ABRAVANEL

La *Torah* habla del guerrero que captura a una hermosa pagana y la desea. Inmediatamente después, habla del hombre que tiene dos esposas, una a la que odia y otra a la que ama. Luego habla de las leyes relativas al hijo rebelede y acaba con una sentencia de muerte. Esto nos enseña que lo que comenzó por el deseo apasionado de una muchacha pagana termina con una sentencia de muerte.

IV-3

הוּא הָיָה אוֹמֵר, אַל תְּהִי בָז לְכָל אָדָם, וְאַל תְּהִי מַפְלִיג לְכָל דָּבָר, שֶׁאֵין לְךָ אָדָם שֶׁאֵין לוֹ שָׁעָה וְאֵין לְךָ דָבָר שֶׁאֵין לוֹ מָקוֹם:

Solía decir: no desprecies a ningún hombre, y no discrimines nada, porque no hay hombre que no tenga su hora, y no hay cosa que no tenga su lugar.

COMENTARIO DE ISAAC ABRAVANEL

Ben Azzai nos advierte de que no abusemos de nadie porque no sabemos si la víctima puede tener en el futuro importancia para nosotros. No discrimines nada» se refiere a que no hay que discriminar ninguna *mitzvah*.

IV-4

רַבִּי לְוִיטָס אִישׁ יַבְנֶה אוֹמֵר, מְאֹד מְאֹד הֱוֵי שְׁפַל רוּחַ, שֶׁתִּקְוַת אֱנוֹשׁ רִמָּה. רַבִּי יוֹחָנָן בֶּן בְּרוֹקָא אוֹמֵר, כָּל הַמְחַלֵּל שֵׁם שָׁמַיִם בַּסֵּתֶר, נִפְרָעִין מִמֶּנּוּ בַּגָּלוּי. אֶחָד שׁוֹגֵג וְאֶחָד מֵזִיד בְּחִלּוּל הַשֵּׁם:

Rabbí Levitas, un hombre de Iavneh, dijo: tened un espíritu excesivamente humilde, porque el fin del hombre es el gusano. Rabbí Iojanan ben Berokah dijo: quien profane el nombre del Cielo en secreto, será castigado en público. Sin querer o queriendo, todo es uno al profanar el nombre.

COMENTARIO DE ISAAC ABRAVANEL

El hombre ha de ser humilde porque no es mejor que los demás y el destino de todos los hombres son los gusanos.

IV-5

רַבִּי יִשְׁמָעֵאל בְּנוֹ אוֹמֵר, הַלּוֹמֵד תּוֹרָה עַל מְנָת לְלַמֵּד, מַסְפִּי־
קִין בְּיָדוֹ לִלְמֹד וּלְלַמֵּד. וְהַלּוֹמֵד עַל מְנָת לַעֲשׂוֹת, מַסְפִּיקִין
בְּיָדוֹ לִלְמֹד וּלְלַמֵּד לִשְׁמֹר וְלַעֲשׂוֹת. רַבִּי צָדוֹק אוֹמֵר, אַל
תַּעֲשֵׂם עֲטָרָה לְהִתְגַּדֵּל בָּהֶם, וְלֹא קַרְדֹּם לַחְפֹּר בָּהֶם. וְכָךְ
הָיָה הִלֵּל אוֹמֵר, וּדְאִשְׁתַּמֵּשׁ בְּתָגָא, חָלָף. הָא לָמַדְתָּ, כָּל
הַנֶּהֱנֶה מִדִּבְרֵי תוֹרָה, נוֹטֵל חַיָּיו מִן הָעוֹלָם:

Rabbí Ismael su hijo dijo: el que aprende para enseñar, se le concede estudiar y enseñar; pero el que aprende para practicar, se le concede aprender y enseñar y
practicar. Rabbí Zaddok dijo: no les hagas una corona
para exaltación propia, ni una pala con la que cavar. Así
también decía Hillel: «Y el que pone la corona para su
propio uso, perecerá». Así has aprendido, cualquiera
que obtenga un beneficio mundano de las palabras de
la *Torah*, quita su vida del mundo.

COMENTARIO DE ISAAC ABRAVANEL
Rabbí Ismael descubre que hay una diferencia de opi-
nión importante entre el estudio de la *Torah* y la práctica de las *mitzvot* para saber cuál de los dos es el elemento más importante del judaísmo.

IV-6

רַבִּי יוֹסֵי אוֹמֵר, כָּל הַמְכַבֵּד אֶת הַתּוֹרָה, גּוּפוֹ מְכֻבָּד עַל הַבְּ־
רִיּוֹת. וְכָל הַמְחַלֵּל אֶת הַתּוֹרָה, גּוּפוֹ מְחֻלָּל עַל הַבְּרִיּוֹת:

Rabbí Iosi dijo: aquel que honra la *Torah* es honrado por los demás, y aquel que deshonra la *Torah* es deshonrado por los demás.

IV-7

רַבִּי יִשְׁמָעֵאל בְּנוֹ אוֹמֵר, הַחוֹשֵׂךְ עַצְמוֹ מִן הַדִּין, פּוֹרֵק מִמֶּנּוּ אֵיבָה וְגָזֵל וּשְׁבוּעַת שָׁוְא. וְהַגַּס לִבּוֹ בַּהוֹרָאָה, שׁוֹטֶה רָשָׁע וְגַס רוּחַ:

Rabbí Ismael, su hijo, dijo: el que se abstiene de juzgar, se libra de la enemistad, del robo y de los juramentos falsos; pero aquel cuyo corazón es presuntuoso al dar una decisión judicial, es necio, malvado y arrogante.

COMENTARIO DE ISAAC ABRAVANEL

Rabbí Ismael no tiene la intención de persuadir a los estudiantes para que no sean jueces porque entonces el sistema judicial colapsaría. Se trata de otro tipo de juicio. El estudiante que no juzga evita el odio, el robo y los juramentos vanos.

IV-8

הוּא הָיָה אוֹמֵר, אַל תְּהִי דָן יְחִידִי, שֶׁאֵין דָּן יְחִידִי אֶלָּא אֶחָד. וְאַל תֹּאמַר קַבְּלוּ דַעְתִּי, שֶׁהֵן רַשָּׁאִין וְלֹא אָתָּה:

Solía decir: no juzgues solo, porque nadie puede juzgar solo sino sólo Uno. Y no digas «acepta mi punto de vista», porque ellos son libres pero tú no.

COMENTARIO DE ISAAC ABRAVANEL

Cuando rabbí Ismael dice «no juzgues solo» no significa que esté prohibido juzgar solo, sino que era consciente de la dureza de la realidad y un juez, incluso si es un gran erudito, ha de juzgar junto con otros jueces y no ha de imponer a los demás sus puntos de vista ya que no abarca toda la sabiduría.

IV-9

רַבִּי יוֹנָתָן אוֹמֵר, כָּל הַמְקַיֵּם אֶת הַתּוֹרָה מֵעֹנִי, סוֹפוֹ לְקַיְּמָהּ מֵעֹשֶׁר. וְכָל הַמְבַטֵּל אֶת הַתּוֹרָה מֵעֹשֶׁר, סוֹפוֹ לְבַטְּלָהּ מֵעֹנִי:

Rabbí Ionatan dijo: aquel que cumple la *Torah* desde un estado de pobreza, su fin será cumplirla desde un estado de riqueza; y quien descarta la *Torah* desde un estado de riqueza, su fin será descartarla desde un estado de pobreza.

COMENTARIO DE ISAAC ABRAVANEL

Aquel que se dedica al estudio y cumplimiento de la *Torah* incluso en tiempos de escasez demuestra una devoción genuina, lo que eventualmente le llevará a una situación de abundancia. Por el contrario, quien, a pesar de su riqueza, descuida la *Torah,* muestra una falta de aprecio que puede conducirle a la pobreza.

IV-10

רַבִּי מֵאִיר אוֹמֵר, הֱוֵי מְמַעֵט בְּעֵסֶק, וַעֲסֹק בַּתּוֹרָה. וֶהֱוֵי שְׁפַל רוּחַ בִּפְנֵי כָל אָדָם. וְאִם בָּטַלְתָּ מִן הַתּוֹרָה, יֶשׁ לְךָ בְּטֵלִים הַרְבֵּה כְנֶגְדָּךְ. וְאִם עָמַלְתָּ בַתּוֹרָה, יֶשׁ לוֹ שָׂכָר הַרְבֵּה לִתֶּן לָךְ:

Rabbí Meir dijo: dedícate poco a los negocios y ocúpate de la *Torah.* Ten un espíritu humilde ante todos los hombres. Si has descuidado la *Torah*, habrá muchos que te lleven a descuidarla, pero si te has esforzado en el estudio de la *Torah*, habrá mucha recompensa para ti.

COMENTARIO DE ISAAC ABRAVANEL

Sé humilde, se refiere a tus esfuerzos empresariales. No gastes tu tiempo en ganar más por el honor o el prestigio de tener riqueza. Reconoce que el impulso de tener mucho dinero no es una cuestión de consumo. Una persona sólo puede consumir hasta cierto punto. Renuncia a ese tipo de gloria y a ese logro relativamente insignificante y dedica ese tiempo a los estudios de la *Torah*.

IV-11

רַבִּי אֱלִיעֶזֶר בֶּן יַעֲקֹב אוֹמֵר, הָעוֹשֶׂה מִצְוָה אַחַת, קוֹנֶה לוֹ
פְּרַקְלִיט אֶחָד. וְהָעוֹבֵר עֲבֵרָה אַחַת, קוֹנֶה לוֹ קַטֵּגוֹר אֶחָד.
תְּשׁוּבָה וּמַעֲשִׂים טוֹבִים, כִּתְרִיס בִּפְנֵי הַפֻּרְעָנוּת. רַבִּי יוֹחָנָן
הַסַּנְדְלָר אוֹמֵר, כָּל כְּנֵסִיָּה שֶׁהִיא לְשֵׁם שָׁמַיִם, סוֹפָהּ לְהִתְקַיֵּם.
וְשֶׁאֵינָהּ לְשֵׁם שָׁמַיִם, אֵין סוֹפָהּ לְהִתְקַיֵּם:

Rabbí Eliezer ben Jacob dijo: aquel que cumple un precepto adquiere para sí un defensor, y aquel que comete una transgresión adquiere para sí un acusador. El arrepentimiento y las buenas acciones son un escudo contra el castigo. Rabbí Iojanan Hasandlar dijo: toda asamblea que es por el bien del Cielo, al final perdurará; y toda asamblea que no es por el bien del Cielo, al final no perdurará.

COMENTARIO DE ISAAC ABRAVANEL

El arrepentimiento sincero (*teshuvah*) y la realización de buenas acciones actúan como un escudo protector, mitigando o incluso anulando los efectos negativos de las transgresiones pasadas. Este concepto resalta la misericordia divina y la oportunidad constante de rectificación y mejora personal.

IV-12

רַבִּי אֶלְעָזָר בֶּן שַׁמּוּעַ אוֹמֵר, יְהִי כְבוֹד תַּלְמִידְךָ חָבִיב עָלֶיךָ
כְּשֶׁלָּךְ, וּכְבוֹד חֲבֵרְךָ כְּמוֹרָא רַבָּךְ, וּמוֹרָא רַבָּךְ כְּמוֹרָא שָׁמָיִם:

Rabbí Eleazar ben Shammua dijo: que el honor de tu alumno sea tan querido como el tuyo propio, y el honor de tu compañero como la reverencia a tu maestro, y la reverencia a tu maestro como la reverencia del Cielo.

COMENTARIO DE ISAAC ABRAVANEL

Una asamblea o reunión realizada con el propósito sincero de cumplir la voluntad divina y promover el bien común está destinada a perdurar y tener éxito. Por el contrario, aquellas reuniones motivadas por intereses egoístas, ambiciones personales o fines inapropiados carecen de la bendición divina y, por lo tanto, están destinadas al fracaso o a la disolución.

IV-13

רַבִּי יְהוּדָה אוֹמֵר, הֱוֵי זָהִיר בַּתַּלְמוּד, שֶׁשִּׁגְגַת תַּלְמוּד עוֹלָה זָדוֹן. רַבִּי שִׁמְעוֹן אוֹמֵר, שְׁלֹשָׁה כְתָרִים הֵם, כֶּתֶר תּוֹרָה וְכֶתֶר כְּהֻנָּה וְכֶתֶר מַלְכוּת, וְכֶתֶר שֵׁם טוֹב עוֹלֶה עַל גַּבֵּיהֶן:

Rabbí Iehudah dijo: sé cuidadoso en el estudio, porque un error en el estudio cuenta como pecado deliberado. Rabbí Shimon dijo: hay tres coronas: la corona de la *Torah*, la corona del sacerdocio y la corona de la realeza, pero la corona del buen nombre las supera a todas.

COMENTARIO DE ISAAC ABRAVANEL

Obsérvese que la corona de la *Torah* aparece en primer lugar porque tiene prioridad, ya que contiene tanto los mandamientos entre Dios y el hombre como los mandamientos entre el hombre y el hombre. La corona del sacerdocio es entre el hombre y Dios y de la realeza entre el hombre y el hombre.

IV-14

רַבִּי נְהוֹרַאי אוֹמֵר, הֱוֵי גוֹלֶה לִמְקוֹם תּוֹרָה, וְאַל תֹּאמַר שֶׁהִיא תָבֹא אַחֲרֶיךָ, שֶׁחֲבֵרֶיךָ יְקַיְמוּהָ בְיָדֶךָ. וְאֶל בִּינָתְךָ אַל תִּשָּׁעֵן (משלי ג):

Rabbí Nehorai dijo: vete como un exiliado [voluntario] a un lugar de la *Torah* y no digas que vendrá después de ti, porque [son] tus compañeros quienes la harán permanente en tu mano, y «no te apoyes en tu propio entendimiento» (*Proverbios* III-5).

COMENTARIO DE ISAAC ABRAVANEL

«No te apoyes en tu propio entendimiento» proviene de *Proverbios* (III-5) y aconseja confiar en Dios más que en la sabiduría propia.

IV-15

רַבִּי יַנַּאי אוֹמֵר, אֵין בְּיָדֵינוּ לֹא מִשַּׁלְוַת הָרְשָׁעִים וְאַף לֹא מִיִּ־
סּוּרֵי הַצַּדִּיקִים. רַבִּי מַתְיָא בֶּן חָרָשׁ אוֹמֵר, הֱוֵי מַקְדִּים בִּשְׁלוֹם
כָּל אָדָם. וֶהֱוֵי זָנָב לָאֲרָיוֹת, וְאַל תְּהִי רֹאשׁ לַשּׁוּעָלִים:

Rabbí Iannai dijo: no está en nuestras manos [explicar la razón] ni de la seguridad de los malvados, ni de las aflicciones de los justos. Rabbí Matías ben Harash dijo: cuando te encuentres con gente, sé el primero en saludar; y sé una cola para los leones, y no una cabeza para las zorras.

COMENTARIO DE ISAAC ABRAVANEL

Estos fenómenos están más allá de la comprensión humana y que no debemos desanimarnos por las aparentes injusticias en el mundo, ya que la verdadera justicia divina trasciende nuestra percepción humana.

IV-16

רַבִּי יַעֲקֹב אוֹמֵר, הָעוֹלָם הַזֶּה דּוֹמֶה לִפְרוֹזְדוֹר בִּפְנֵי הָעוֹלָם
הַבָּא. הַתְקֵן עַצְמְךָ בַּפְּרוֹזְדוֹר, כְּדֵי שֶׁתִּכָּנֵס לַטְּרַקְלִין:

Rabbí Jacob dijo: este mundo es como un vestíbulo antes del mundo venidero; prepárate en el vestíbulo, para que puedas entrar en el salón de banquetes.

COMENTARIO DE ISAAC ABRAVANEL

La vida terrenal es una preparación para la eternidad. Así como uno se prepara en el vestíbulo antes de entrar en un salón, debemos prepararnos espiritualmente en esta vida para alcanzar la verdadera recompensa en la próxima.

IV-17

הוּא הָיָה אוֹמֵר, יָפָה שָׁעָה אַחַת בִּתְשׁוּבָה וּמַעֲשִׂים טוֹבִים בָּעוֹלָם הַזֶּה, מִכָּל חַיֵּי הָעוֹלָם הַבָּא. וְיָפָה שָׁעָה אַחַת שֶׁל קוֹרַת רוּחַ בָּעוֹלָם הַבָּא, מִכָּל חַיֵּי הָעוֹלָם הַזֶּה:

Solía decir: más preciosa es una hora en el arrepentimiento y las buenas acciones en este mundo, que toda la vida del mundo venidero; y más preciosa es una hora de la tranquilidad del mundo venidero, que toda la vida de este mundo.

COMENTARIO DE ISAAC ABRAVANEL

Aunque la recompensa en el mundo venidero es inmensa, el valor del arrepentimiento y las buenas acciones realizadas en este mundo es superior. Esto se debe a que sólo en la vida terrenal tenemos la oportunidad de mejorar y corregir nuestras acciones, lo que influye directamente en nuestra posición en el mundo venidero. Por lo tanto, cada momento dedicado al arrepentimiento y a las buenas obras en este mundo tiene un impacto eterno y es invaluable.

IV-18

רַבִּי שִׁמְעוֹן בֶּן אֶלְעָזָר אוֹמֵר, אַל תְּרַצֶּה אֶת חֲבֵרְךָ בִּשְׁעַת כַּעֲסוֹ, וְאַל תְּנַחֲמֶנּוּ בְּשָׁעָה שֶׁמֵּתוֹ מֻטָּל לְפָנָיו, וְאַל תִּשְׁאַל לוֹ בִּשְׁעַת נִדְרוֹ, וְאַל תִּשְׁתַּדֵּל לִרְאוֹתוֹ בִּשְׁעַת קַלְקָלָתוֹ:

Rabbí Shimon ben Eleazar dijo: no trates de apaciguar a tu amigo durante su hora de ira; ni lo consueles en la hora en que su muerto aún yace ante él; ni lo interrogues en la hora de su voto; ni te esfuerces por verlo en la hora de su desgracia.

COMENTARIO DE ISAAC ABRAVANEL

Intentar calmar a alguien en el momento álgido de su enojo puede ser contraproducente, ya que la persona no está en condiciones de escuchar razones y el intento puede intensificar su ira.

IV-19

שְׁמוּאֵל הַקָּטָן אוֹמֵר, (משלי כד) בִּנְפֹל אוֹיִבְךָ אַל תִּשְׂמָח וּבִ־ כָּשְׁלוֹ אַל יָגֵל לִבֶּךָ, פֶּן יִרְאֶה ה' וְרַע בְּעֵינָיו וְהֵשִׁיב מֵעָלָיו אַפּוֹ

Shmuel Hakatan dijo: «Si tu enemigo cae, no te alegres; si tropieza, que tu corazón no se regocije, no sea que el Señor lo vea y se disguste, y aleje de él su ira» (*Proverbios* XXIV-17).

COMENTARIO DE ISAAC ABRAVANEL

Aunque es natural sentir satisfacción cuando un adversario enfrenta dificultades, la *Torah* nos instruye a superar estas inclinaciones y a no alegrarnos por la desgracia ajena. Este precepto fomenta la compasión y la empatía, incluso hacia aquellos que nos han causado perjuicio.

IV-20

אֱלִישָׁע בֶּן אֲבוּיָה אוֹמֵר, הַלוֹמֵד יֶלֶד לְמָה הוּא דוֹמֶה, לִדְיוֹ
כְּתוּבָה עַל נְיָר חָדָשׁ. וְהַלוֹמֵד זָקֵן לְמָה הוּא דוֹמֶה, לִדְיוֹ כְּתוּ־
בָה עַל נְיָר מָחוּק. רַבִּי יוֹסֵי בַר יְהוּדָה אִישׁ כְּפַר הַבַּבְלִי אוֹמֵר,
הַלוֹמֵד מִן הַקְּטַנִּים לְמָה הוּא דוֹמֶה, לְאֹכֵל עֲנָבִים קֵהוֹת וְשׁוֹ־
תֶה יַיִן מִגִּתּוֹ. וְהַלוֹמֵד מִן הַזְּקֵנִים לְמָה הוּא דוֹמֶה, לְאֹכֵל עֲנָ־
בִים בְּשֵׁלוֹת וְשׁוֹתֶה יַיִן יָשָׁן. רַבִּי אוֹמֵר, אַל תִּסְתַּכֵּל בַּקַּנְקַן,
אֶלָּא בְּמַה שֶּׁיֶּשׁ בּוֹ. יֵשׁ קַנְקַן חָדָשׁ מָלֵא יָשָׁן, וְיָשָׁן שֶׁאֲפִלּוּ
חָדָשׁ אֵין בּוֹ:

Elisha ben Abuyah dijo: aquel que aprende de niño, ¿con qué se compara? A la tinta escrita en una hoja nueva. Y aquel que aprende de viejo, ¿con qué se compara? A la tinta escrita en una hoja de escritura frotada. Rabbí Iosi ben Judah, un hombre de Kfar Ha-babli, dijo: aquel que aprende de joven, ¿con qué se compara? A aquel que come uvas inmaduras y bebe vino de su cuba; y aquel que aprende de los viejos, ¿con qué se compara? Con aquel que come uvas maduras y bebe vino viejo. Rabbí dijo: no mires el recipiente, sino lo que hay en él:

hay un recipiente nuevo lleno de vino viejo, y un [reci-piente] viejo en el que ni siquiera hay [vino] nuevo.

IV-21

רַבִּי אֶלְעָזָר הַקַּפָּר אוֹמֵר, הַקִּנְאָה וְהַתַּאֲוָה וְהַכָּבוֹד, מוֹצִיאִין
אֶת הָאָדָם מִן הָעוֹלָם:

Rabbí Eleazar Ha-kappar dijo: la envidia, la lujuria y [el deseo de] honor ponen al hombre fuera del mundo.

COMENTARIO DE ISAAC ABRAVANEL

Estas tres pasiones pueden desviar al individuo de una vida virtuosa y equilibrada.

IV-22

הוּא הָיָה אוֹמֵר, הַיִּלוֹדִים לָמוּת, וְהַמֵּתִים לְהֵחָיוֹת, וְהַחַיִּים
לָדוֹן. לֵידַע לְהוֹדִיעַ וּלְהִוָּדַע שֶׁהוּא אֵל, הוּא הַיּוֹצֵר, הוּא הַבּוֹ־
רֵא, הוּא הַמֵּבִין, הוּא הַדַּיָּן, הוּא עֵד, הוּא בַעַל דִּין, וְהוּא
עָתִיד לָדוֹן. בָּרוּךְ הוּא, שֶׁאֵין לְפָנָיו לֹא עַוְלָה, וְלֹא שִׁכְחָה,
וְלֹא מַשּׂוֹא פָנִים, וְלֹא מִקַּח שֹׁחַד, שֶׁהַכֹּל שֶׁלּוֹ. וְדַע שֶׁהַכֹּל לְפִי
הַחֶשְׁבּוֹן. וְאַל יַבְטִיחֲךָ יִצְרְךָ שֶׁהַשְּׁאוֹל בֵּית מָנוֹס לְךָ, שֶׁעַל
כָּרְחֲךָ אַתָּה נוֹצָר, וְעַל כָּרְחֲךָ אַתָּה נוֹלָד, וְעַל כָּרְחֲךָ אַתָּה חַי,
וְעַל כָּרְחֲךָ אַתָּה מֵת, וְעַל כָּרְחֲךָ אַתָּה עָתִיד לִתֵּן דִּין וְחֶשְׁבּוֹן
לִפְנֵי מֶלֶךְ מַלְכֵי הַמְּלָכִים הַקָּדוֹשׁ בָּרוּךְ הוּא:

Solía decir: los que han nacido han de morir, y los que han muerto han de ser resucitados, y los resucitados han de ser juzgados; para que se sepa, se dé a conocer y se tenga el conocimiento de que Él es Dios, Él es el formador, Él es el creador, Él es el discernidor, Él es el juez, Él el testigo, Él el denunciante, y que Él convocará a juicio. Bendito sea Él, ante Quien no hay iniquidad, ni olvido, ni acepción de personas, ni aceptación de sobornos, pues todo es suyo. Y sabed que todo es según la cuenta. Y no dejes que tu impulso te asegure que la tumba es un lugar de refugio para ti; porque contra tu voluntad fuiste formado, contra tu voluntad naciste, contra tu voluntad vives, contra tu voluntad morirás, y contra tu voluntad darás cuenta y cuentas ante el Rey de los reyes de reyes, el Santo, bendito sea.

COMENTARIO DE ISAAC ABRAVANEL

Cada individuo debe ser consciente de que la vida y la muerte están bajo el dominio de Dios, quien es el Creador, Juez y Testigo supremo. no hay lugar para la iniquidad, el olvido, la parcialidad ni la aceptación de sobornos ante Dios, ya que todo le pertenece y todo se evalúa según un cálculo divino preciso.

CAPÍTULO V

V-1

בַּעֲשָׂרָה מַאֲמָרוֹת נִבְרָא הָעוֹלָם. וּמַה תַּלְמוּד לוֹמַר, וַהֲלֹא בְּמַאֲמָר אֶחָד יָכוֹל לְהִבָּרְאוֹת, אֶלָּא לְהִפָּרַע מִן הָרְשָׁעִים שֶׁ־ מְאַבְּדִין אֶת הָעוֹלָם שֶׁנִּבְרָא בַּעֲשָׂרָה מַאֲמָרוֹת, וְלִתֵּן שָׂכָר טוֹב לַצַּדִּיקִים שֶׁמְּקַיְּמִין אֶת הָעוֹלָם שֶׁנִּבְרָא בַּעֲשָׂרָה מַאֲמָ־ רוֹת:

Con diez alocuciones se creó el mundo. ¿Y qué ense-ña esto, pues seguramente podría haber sido creado con una sola alocución? Pero esto fue así para castigar a los malvados que destruyen el mundo que fue creado con diez alocuciones, y para dar una buena recompensa a los justos que mantienen el mundo que fue creado con diez alocuciones.

COMENTARIO DE ISAAC ABRAVANEL

Creado: de la nada, *Ex Nihilo*. ¿Por qué 10 alocuciones? Dios podría haber creado el mundo con una sola alocución, ¿por qué utilizó 10? Respuesta: porque el mundo es muy valioso para Él. Por ejemplo, una persona podría decir simplemente «construyeme una casa", - o podría reunirse con el arquitecto y el constructor personalmente, decidir los materiales que se utilizarán, etc. Esto mostraría lo importante que es para Él la casa creada.

El hombre fue creado en último lugar porque –Dios estaba preparando el mundo para el hombre– creando todas las comodidades y necesidades para el beneficio y el placer del hombre.

Si Dios hubiera creado con una alocución, lo podría destruir con una alocución. El enfoque de 10 pasos le da al hombre una amplia advertencia para que modifique sus caminos.

V-2

עֲשָׂרָה דוֹרוֹת מֵאָדָם וְעַד נֹחַ, לְהוֹדִיעַ כַּמָּה אֶרֶךְ אַפַּיִם לְפָנָיו,
שֶׁכָּל הַדּוֹרוֹת הָיוּ מַכְעִיסִין וּבָאִין עַד שֶׁהֵבִיא עֲלֵיהֶם אֶת מֵי
הַמַּבּוּל. עֲשָׂרָה דוֹרוֹת מִנֹּחַ וְעַד אַבְרָהָם, לְהוֹדִיעַ כַּמָּה אֶרֶךְ
אַפַּיִם לְפָנָיו, שֶׁכָּל הַדּוֹרוֹת הָיוּ מַכְעִיסִין וּבָאִין, עַד שֶׁבָּא אַבְ־
רָהָם וְקִבֵּל עָלָיו שְׂכַר כֻּלָּם:

[Hubo] diez generaciones desde Adán hasta Noé, para dar a conocer la longanimidad de Él; pues todas esas generaciones siguieron provocándolo, hasta que Él trajo sobre ellos las aguas del diluvio. [Hubo] diez generaciones desde Noé hasta Abraham, para dar a conocer

Su longanimidad; pues todas esas generaciones siguieron provocándolo, hasta que Abraham vino y recibió la recompensa de todas ellas.

COMENTARIO DE ISAAC ABRAVANEL

La razón por la que hubo 10 generaciones desde Adán hasta Noé y 10 generaciones desde Noé hasta Abraham era para mostrar cuán grande era la paciencia de Dios.

El pueblo era malvado y Dios quería darles la oportunidad de arrepentirse y dar a luz a descendientes justos. Adán, creado en total perfección, sólo tenía unos pocos mandamientos. Sin embargo, fracasó. Dios fue paciente durante 10 generaciones, pero finalmente trajo el diluvio. Noé era virtuoso en comparación con sus coetáneos.

Las 10 generaciones posteriores podrían haber aprendido del ejemplo de Noé, pero no lo hicieron. Abraham salvó a su generación y sentó las bases para la supervivencia de la humanidad. Adán representa el surgimiento físico de una persona. Noé representa el espíritu de justicia y conciencia. No es necesario destruir el mundo animal. Abraham representa la preeminencia del intelecto, que sirvió para descubrir el concepto de Dios.

V-3

עֲשָׂרָה נִסְיוֹנוֹת נִתְנַסָּה אַבְרָהָם אָבִינוּ עָלָיו הַשָּׁלוֹם וְעָמַד בְּכֻלָּם, לְהוֹדִיעַ כַּמָּה חִבָּתוֹ שֶׁל אַבְרָהָם אָבִינוּ עָלָיו הַשָּׁלוֹם:

Con diez pruebas fue probado Abraham, nuestro padre, que en paz descanse, y las resistió todas; para dar a conocer cuán grande fue el amor de Abraham, nuestro padre, la paz sea con él.

COMENTARIO DE ISAAC ABRAVANEL

Estas pruebas no sólo forjaron el carácter de Abraham, sino que también sirvieron como ejemplo de fe y obediencia para las generaciones futuras.

V-4

עֲשָׂרָה נִסִּים נַעֲשׂוּ לַאֲבוֹתֵינוּ בְמִצְרַיִם וַעֲשָׂרָה עַל הַיָּם. עֲשֶׂר
מַכּוֹת הֵבִיא הַקָּדוֹשׁ בָּרוּךְ הוּא עַל הַמִּצְרִיִּים בְּמִצְרַיִם וְעֶשֶׂר
עַל הַיָּם. עֲשָׂרָה נִסְיוֹנוֹת נִסּוּ אֲבוֹתֵינוּ אֶת הַמָּקוֹם בָּרוּךְ הוּא
בַּמִּדְבָּר, שֶׁנֶּאֱמַר (במדבר יד) וַיְנַסּוּ אֹתִי זֶה עֶשֶׂר פְּעָמִים וְלֹא
שָׁמְעוּ בְּקוֹלִי:

Diez milagros fueron realizados para nuestros antepasados en Egipto, y diez en el mar. Diez plagas trajo el Santo, bendito sea, sobre los egipcios en Egipto y diez en el mar. Con diez pruebas probaron nuestros antepasados a Dios, bendito sea, en el desierto, como ha sido dicho: «y me han probado estas diez veces y no han escuchado mi voz» (*Números* XIV-22).

COMENTARIO DE ISAAC ABRAVANEL

Los diez milagros en Egipto y los diez en el Mar Rojo, fueron manifestaciones del poder divino destinadas a liberar a Israel y demostrar la supremacía de Dios sobre las fuerzas naturales y las deidades egipcias.

V-5

עֲשָׂרָה נִסִּים נַעֲשׂוּ לַאֲבוֹתֵינוּ בְּבֵית הַמִּקְדָּשׁ. לֹא הִפִּילָה אִשָּׁה מֵרֵיחַ בְּשַׂר הַקֹּדֶשׁ, וְלֹא הִסְרִיחַ בְּשַׂר הַקֹּדֶשׁ מֵעוֹלָם, וְלֹא נִרְאָה זְבוּב בְּבֵית הַמִּטְבָּחַיִם, וְלֹא אֵרַע קֶרִי לְכֹהֵן גָּדוֹל בְּיוֹם הַכִּפּוּרִים, וְלֹא כִבּוּ גְשָׁמִים אֵשׁ שֶׁל עֲצֵי הַמַּעֲרָכָה, וְלֹא נָצְחָה הָרוּחַ אֶת עַמּוּד הֶעָשָׁן, וְלֹא נִמְצָא פְסוּל בָּעֹמֶר וּבִשְׁתֵּי הַלֶּחֶם וּבְלֶחֶם הַפָּנִים, עוֹמְדִים צְפוּפִים וּמִשְׁתַּחֲוִים רְוָחִים, וְלֹא הִזִּיק נָחָשׁ וְעַקְרָב בִּירוּשָׁלַיִם מֵעוֹלָם, וְלֹא אָמַר אָדָם לַחֲבֵרוֹ צַר לִי הַמָּקוֹם שֶׁאָלִין בִּירוּשָׁלַיִם:

Diez maravillas fueron realizadas para nuestros ancestros en el Templo: [1] ninguna mujer abortó por el olor de la carne sagrada; [2] la carne sagrada nunca se volvió pútrida; [3] nunca se vio una mosca en el matadero; [4] ninguna emisión le ocurrió al sumo sacerdote en el Día de la Expiación; [5] las lluvias no extinguieron el fuego del montón de leña; [6] el viento no prevaleció contra la columna de humo; [7] no se encontró ningún defecto en el omer, ni en los dos panes, ni en el pan de la proposición; [8] el pueblo estaba apretado, pero se inclinaba y tenía espacio suficiente; [9] nunca una serpiente o un escorpión dañó a nadie en Jerusalén; [10] y nadie dijo a su compañero: el lugar está demasiado congestionado para que yo pueda pasar la noche en Jerusalén.

COMENTARIO DE ISAAC ABRAVANEL
Estos milagros subrayan la santidad y protección divinas presentes en el Templo y en Jerusalén, asegurando que las prácticas sagradas se llevaran a cabo sin impedimentos y que los peregrinos siempre encontraran alojamiento adecuado.

V-6

עֲשָׂרָה דְבָרִים נִבְרְאוּ בְּעֶרֶב שַׁבָּת בֵּין הַשְּׁמָשׁוֹת, וְאֵלוּ הֵן, פִּי הָאָרֶץ, וּפִי הַבְּאֵר, וּפִי הָאָתוֹן, וְהַקֶּשֶׁת, וְהַמָּן, וְהַמַּטֶּה, וְהַשָּׁמִיר, וְהַכְּתָב, וְהַמִּכְתָּב, וְהַלּוּחוֹת. וְיֵשׁ אוֹמְרִים, אַף הַמַּזִּיקִין, וּקְבוּרָתוֹ שֶׁל מֹשֶׁה, וְאֵילוֹ שֶׁל אַבְרָהָם אָבִינוּ. וְיֵשׁ אוֹמְרִים, אַף צְבָת בִּצְבָת עֲשׂוּיָה:

Diez cosas fueron creadas en la víspera del *Shabbat* al atardecer, y éstas son [1] la boca de la Tierra, [2] la boca del pozo, [3] la boca del asno, [4] el arco iris, [5] el maná, [6] el bastón [de Moisés], [7] el *Shamir*, [8] las letras, [9] la escritura, [10] y las tablas. Y algunos dicen: también los demonios, la tumba de Moisés, y el carnero de Abraham, nuestro padre. Y algunos dicen: y también las tenazas, hechas con tenazas.

V-7

שִׁבְעָה דְבָרִים בַּגּוֹלֶם וְשִׁבְעָה בֶחָכָם. חָכָם אֵינוֹ מְדַבֵּר בִּפְנֵי
מִי שֶׁהוּא גָדוֹל מִמֶּנּוּ בְחָכְמָה וּבְמִנְיָן, וְאֵינוֹ נִכְנָס לְתוֹךְ דִּבְרֵי
חֲבֵרוֹ, וְאֵינוֹ נִבְהָל לְהָשִׁיב, שׁוֹאֵל כָּעִנְיָן וּמֵשִׁיב כַּהֲלָכָה,
וְאוֹמֵר עַל רִאשׁוֹן רִאשׁוֹן וְעַל אַחֲרוֹן אַחֲרוֹן, וְעַל מַה שֶּׁלֹּא
שָׁמַע, אוֹמֵר לֹא שָׁמָעְתִּי, וּמוֹדֶה עַל הָאֱמֶת. וְחִלּוּפֵיהֶן בַּגּוֹלֶם:

[Hay siete cosas [características] en un inculto, y siete en un hombre sabio: un hombre sabio no habla delante de alguien que es mayor que él en sabiduría, y no interrumpe el discurso de su compañero; y no se apresura a responder; pregunta lo que es relevante, y responde al punto; y habla del primer [punto] primero, y del último [punto] al final; y respecto a lo que no ha oído, dice: no he oído; y reconoce la verdad. Y lo contrario de estos [son característicos] en un inculto.

COMENTARIO DE ISAAC ABRAVANEL

La importancia de la humildad, la paciencia, la precisión en el discurso y la integridad intelectual distinguen al sabio del necio.

שִׁבְעָה מִינֵי פֻּרְעָנִיּוֹת בָּאִין לָעוֹלָם עַל שִׁבְעָה גוּפֵי עֲבֵרָה. מִ־
קְצָתָן מְעַשְּׂרִין וּמִקְצָתָן אֵינָן מְעַשְּׂרִין, רָעָב שֶׁל בַּצֹּרֶת בָּאָה,
מִקְצָתָן רְעֵבִים וּמִקְצָתָן שְׂבֵעִים. גָּמְרוּ שֶׁלֹּא לְעַשֵּׂר, רָעָב שֶׁל
מְהוּמָה וְשֶׁל בַּצֹּרֶת בָּאָה. וְשֶׁלֹּא לִטֹּל אֶת הַחַלָּה, רָעָב שֶׁל
כְּלָיָה בָּאָה. דֶּבֶר בָּא לָעוֹלָם עַל מִיתוֹת הָאֲמוּרוֹת בַּתּוֹרָה
שֶׁלֹּא נִמְסְרוּ לְבֵית דִּין, וְעַל פֵּרוֹת שְׁבִיעִית. חֶרֶב בָּאָה לָעוֹלָם
עַל עִנּוּי הַדִּין, וְעַל עִוּוּת הַדִּין, וְעַל הַמּוֹרִים בַּתּוֹרָה שֶׁלֹּא כַהֲלָ־
כָה:

Siete clases de castigo vienen al mundo por siete categorías de transgresión: cuando algunos de ellos dan los diezmos, y otros no dan los diezmos, viene una hambruna de la sequía y algunos pasan hambre, y otros están satisfechos. Cuando todos han decidido no dar los diezmos, viene un hambre de tumulto y de sequía; [Cuando han decidido, además,] no apartar la ofrenda de la masa, viene un hambre que todo lo consume. La peste viene al mundo por los pecados castigados con la muerte según la *Torah*, pero que no han sido remitidos al tribunal, y por el descuido de la ley relativa a los frutos del año sabático. La espada viene al mundo por el retraso del juicio, y por la perversión del juicio, y a causa de los que enseñan la *Torah* no de acuerdo con la ley aceptada.

חַיָּה רָעָה בָּאָה לָעוֹלָם עַל שְׁבוּעַת שָׁוְא, וְעַל חִלּוּל הַשֵּׁם.
גָּלוּת בָּאָה לָעוֹלָם עַל עוֹבְדֵי עֲבוֹדָה זָרָה, וְעַל גִּלּוּי עֲרָיוֹת,
וְעַל שְׁפִיכוּת דָּמִים, וְעַל הַשְׁמָטַת הָאָרֶץ. בְּאַרְבָּעָה פְּרָקִים
הַדֶּבֶר מִתְרַבֶּה, בָּרְבִיעִית, וּבַשְּׁבִיעִית, וּבְמוֹצָאֵי שְׁבִיעִית, וּבְ־
מוֹצָאֵי הֶחָג שֶׁבְּכָל שָׁנָה וְשָׁנָה. בָּרְבִיעִית, מִפְּנֵי מַעְשַׂר עָנִי
שֶׁבַּשְּׁלִישִׁית. בַּשְּׁבִיעִית, מִפְּנֵי מַעְשַׂר עָנִי שֶׁבַּשִּׁשִּׁית. וּבְמוֹצָאֵי
שְׁבִיעִית, מִפְּנֵי פֵּרוֹת שְׁבִיעִית. וּבְמוֹצָאֵי הֶחָג שֶׁבְּכָל שָׁנָה
וְשָׁנָה, מִפְּנֵי גֶּזֶל מַתְּנוֹת עֲנִיִּים:

Las bestias salvajes vienen al mundo por jurar en vano y por la profanación del Nombre. El exilio viene al mundo por la idolatría, por los pecados sexuales y por el derramamiento de sangre, y por [transgredir el precepto del año de la] liberación de la tierra. En cuatro ocasiones aumenta la pestilencia: en el cuarto año, en el séptimo año y al concluir el séptimo año, y al concluir la Fiesta [de los Tabernáculos] de cada año. En el cuarto año, a causa del diezmo de los pobres que se debe pagar en el tercer año. En el séptimo año, a cuenta del diezmo de los pobres que se debe pagar en el sexto año; al concluir el séptimo año, a cuenta del producto del séptimo año; y al concluir la Fiesta [de los Tabernáculos] de cada año, por el robo de las ofrendas a los pobres.

COMENTARIO DE ISAAC ABRAVANEL
Diversos castigos que, según la tradición, sobrevienen al mundo debido a ciertas transgresiones.

V-10

אַרְבַּע מִדּוֹת בָּאָדָם. הָאוֹמֵר שֶׁלִּי שֶׁלִּי וְשֶׁלְּךָ שֶׁלָּךְ, זוֹ מִדָּה בֵּינוֹנִית. וְיֵשׁ אוֹמְרִים, זוֹ מִדַּת סְדוֹם. שֶׁלִּי שֶׁלְּךָ וְשֶׁלְּךָ שֶׁלִּי, עַם הָאָרֶץ. שֶׁלִּי שֶׁלְּךָ וְשֶׁלְּךָ שֶׁלָּךְ, חָסִיד. שֶׁלִּי שֶׁלִּי וְשֶׁלְּךָ שֶׁלִּי, רָשָׁע:

Hay cuatro tipos de carácter en los seres humanos: uno que dice: «lo mío es mío y lo tuyo es tuyo»: es un tipo común; y algunos dicen que es un tipo de carácter sodomita. [El que dice:] «lo mío es tuyo y lo tuyo es mío»: es una persona inculta; [El que dice:] «lo mío es tuyo y lo tuyo es tuyo» es una persona piadosa. [Uno que dice:] «lo mío es mío y lo tuyo es mío» es una persona malvada.

COMENTARIO DE ISAAC ABRAVANEL

«Lo mío es mío y lo tuyo es tuyo»: Es una actitud similar a la de los habitantes de Sodoma, quienes, aunque no robaban, eran extremadamente egoístas y carecían de hospitalidad.

«Lo mío es tuyo y lo tuyo es mío»: Es propio de una persona inculta o ignorante, ya que carece de un entendimiento adecuado de la propiedad y el respeto mutuo.

«Lo mío es tuyo y lo tuyo es tuyo»: Es la actitud de una persona piadosa, que muestra altruismo y generosidad, ofreciendo lo propio sin esperar nada a cambio.

«Lo mío es mío y lo tuyo es mío»: Es la actitud de una persona malvada, que busca apropiarse de lo ajeno mientras retiene lo propio.

V-11

אַרְבַּע מִדּוֹת בַּדֵּעוֹת. נוֹחַ לִכְעֹס וְנוֹחַ לִרְצוֹת, יָצָא שְׂכָרוֹ בְהֶפְ־ סֵדוֹ. קָשֶׁה לִכְעֹס וְקָשֶׁה לִרְצוֹת, יָצָא הֶפְסֵדוֹ בִשְׂכָרוֹ. קָשֶׁה לִכְעֹס וְנוֹחַ לִרְצוֹת, חָסִיד. נוֹחַ לִכְעֹס וְקָשֶׁה לִרְצוֹת, רָשָׁע:

Hay cuatro tipos de temperamento: fácil de enfadarse y fácil de apaciguarse: su ganancia desaparece en su pérdida; difícil de enfadarse y difícil de apaciguarse: su pérdida desaparece en su ganancia; difícil de enfadarse y fácil de apaciguarse: una persona piadosa; fácil de enfadarse y difícil de apaciguarse: una persona malvada.

COMENTARIO DE ISAAC ABRAVANEL

El que profana el nombre de Dios indica que no reconoce la supremacía de Dios sobre el hombre, así que Dios le enseña de la misma manera que los animales no reconocen la supremacía del hombre sobre ellos.

V-12

אַרְבַּע מִדּוֹת בַּתַּלְמִידִים. מַהֵר לִשְׁמֹעַ וּמַהֵר לְאַבֵּד, יָצָא שְׂכָרוֹ בְהֶפְסֵדוֹ. קָשֶׁה לִשְׁמֹעַ וְקָשֶׁה לְאַבֵּד, יָצָא הֶפְסֵדוֹ בִשְׂכָרוֹ. מַהֵר לִשְׁמֹעַ וְקָשֶׁה לְאַבֵּד, חָכָם. קָשֶׁה לִשְׁמֹעַ וּמַהֵר לְאַבֵּד, זֶה חֵלֶק רָע:

Hay cuatro tipos de discípulos: rápido para comprender, y rápido para olvidar: su ganancia desaparece en su pérdida; lento para comprender, y lento para olvidar: su pérdida desaparece en su ganancia; rápido para comprender, y lento para olvidar: es un hombre sabio; lento para comprender, y rápido para olvidar, ésta es una mala porción.

COMENTARIO DE ISAAC ABRAVANEL

El apelativo que se aplica a aquel que es rápido para comprender es *Jajam*, «sabio». El otro extremo, el del «lento para comprender» y «rápido para olvidar», tiene una parte desafortunada en la vida. Simplemente es una desgracia que no tenga el impulso para estudiar.

V-13

אַרְבַּע מִדּוֹת בְּנוֹתְנֵי צְדָקָה. הָרוֹצֶה שֶׁיִּתֵּן וְלֹא יִתְּנוּ אֲחֵרִים, עֵינוֹ רָעָה בְּשֶׁל אֲחֵרִים. יִתְּנוּ אֲחֵרִים וְהוּא לֹא יִתֵּן, עֵינוֹ רָעָה בְּשֶׁלּוֹ. יִתֵּן וְיִתְּנוּ אֲחֵרִים, חָסִיד. לֹא יִתֵּן וְלֹא יִתְּנוּ אֲחֵרִים, רָשָׁע:

Hay cuatro tipos de dadores de caridad. El que desea dar, pero que los demás no den: su ojo es malo hacia lo que es de los demás; el que desea que los demás den, pero que él mismo no dé: su ojo es malo hacia lo que es suyo; el que desea que él mismo dé, y que los demás den: es un hombre piadoso; el que desea que él mismo no dé y que los demás tampoco den: es un hombre malvado.

COMENTARIO DE ISAAC ABRAVANEL

El que desea dar, pero que los demás no den: su ojo es malo hacia lo que es de los demás». Indica que esta persona está dispuesta a cumplir con su obligación de dar caridad, pero no desea que otros hagan lo mismo. Esto indica una envidia o resentimiento hacia la generosidad ajena, reflejando un carácter que, aunque cumple con sus deberes, no desea que otros compartan su virtud.

«El que desea que los demás den, pero que él mismo no dé: su ojo es malo hacia lo que es suyo». Esta actitud muestra a alguien que valora la caridad y desea que otros contribuyan, pero es avaro con sus propios recursos. Esta persona reconoce la importancia de la caridad en la sociedad, pero no está dispuesta a sacrificar su propia riqueza, demostrando egoísmo y falta de compromiso personal.

«El que desea que él mismo dé, y que los demás den: es un hombre piadoso». Esta persona es ideal, ya que no sólo cumple con su deber de dar, sino que también desea que otros participen en actos de caridad. Esta posturaes la más reprobable. La persona no sólo se niega a contribuir, sino que también desalienta a otros de hacerlo.

אַרְבַּע מִדּוֹת בְּהוֹלְכֵי לְבֵית הַמִּדְרָשׁ. הוֹלֵךְ וְאֵינוֹ עוֹשֶׂה, שְׂכַר הֲלִיכָה בְיָדוֹ. עוֹשֶׂה וְאֵינוֹ הוֹלֵךְ, שְׂכַר מַעֲשֶׂה בְיָדוֹ. הוֹלֵךְ וְעוֹשֶׂה, חָסִיד. לֹא הוֹלֵךְ וְלֹא עוֹשֶׂה, רָשָׁע:

Hay cuatro tipos de personas que frecuentan la casa de estudio: el que asiste pero no practica: recibe una recompensa por la asistencia. El que practica pero no asiste: recibe una recompensa por la práctica. El que asiste y practica: es un hombre piadoso; el que no asiste ni practica: es un hombre malvado.

COMENTARIO DE ISAAC ABRAVANEL

Frecuentar la casa d estudio significa o bien el estudio de los aspectos teóricos de la *Torah*, o bien el estudio de la *Torah* para saber cómo observar las *mitzvot*. No se refiere al acto físico real de caminar hasta la sala de estudio, ya que si así fuera, ¿cómo podrían estar incluidos los dos que no van allí?

El hombre piadoso se identifica como aquel que «asiste y practica». Estudia la *Torah* y practica todas las *mitzvot*. A esto se refería el salmista cuando dijo: «Bienaventurados los piadosos que siguen los caminos de Dios» (*Salmos* CXIX-1), lo que implica el estudio de la *Torah*.

אַרְבַּע מִדּוֹת בְּיוֹשְׁבִים לִפְנֵי חֲכָמִים. סְפוֹג, וּמַשְׁפֵּךְ, מְשַׁמֶּרֶת,
וְנָפָה. סְפוֹג, שֶׁהוּא סוֹפֵג אֶת הַכֹּל. מַשְׁפֵּךְ, שֶׁמַּכְנִיס בְּזוֹ וּמוֹ־
צִיא בְזוֹ. מְשַׁמֶּרֶת, שֶׁמּוֹצִיאָה אֶת הַיַּיִן וְקוֹלֶטֶת אֶת הַשְּׁמָרִים.
וְנָפָה, שֶׁמּוֹצִיאָה אֶת הַקֶּמַח וְקוֹלֶטֶת אֶת הַסֹּלֶת:

Hay cuatro tipos entre los que se sientan ante los sabios: una esponja, un embudo, un colador y un tamiz.
Una esponja, que lo absorbe todo; un embudo, que toma por un extremo y deja salir por el otro; un colador,
que deja salir el vino y retiene las lías; un tamiz, que
deja salir la harina gruesa y retiene la harina selecta.

COMENTARIO DE ISAAC ABRAVANEL

Esponja (סְפוֹג): Este tipo de estudiante absorbe toda la
información que recibe, sin discriminar entre lo esencial
y lo superfluo. Embudo (מַשְׁפֵּךְ): Representa al estudiante
que permite que la información entre por un lado y sal-
ga por el otro, sin retener nada. Colador (מְשַׁמֶּרֶת): Este
estudiante filtra el contenido, reteniendo lo inútil y de-
jando pasar lo valioso. Se aferra a detalles insignificantes
o erróneos, mientras pierde las enseñanzas fundamentales. Tamiz (נָפָה): Simboliza al estudiante ideal que sepa-
ra lo valioso de lo trivial, reteniendo lo esencial y descar-
tando lo superfluo.

V-16

כָּל אַהֲבָה שֶׁהִיא תְלוּיָה בְדָבָר, בָּטֵל דָּבָר, בְּטֵלָה אַהֲבָה. וְשֶׁאֵינָהּ תְּלוּיָה בְדָבָר, אֵינָהּ בְּטֵלָה לְעוֹלָם. אֵיזוֹ הִיא אַהֲבָה הַתְּלוּיָה בְדָבָר, זוֹ אַהֲבַת אַמְנוֹן וְתָמָר. וְשֶׁאֵינָהּ תְּלוּיָה בְדָבָר, זוֹ אַהֲבַת דָּוִד וִיהוֹנָתָן:

Todo amor que depende de un algo, [cuando el] algo cesa, [el] amor cesa; y [todo amor] que no depende de nada, nunca cesará. ¿Cuál es un ejemplo de amor que depende de algo? Tal fue el amor de Amnón por Tamar. ¿Y cuál es un ejemplo de amor que no depende de nada? Tal fue el amor de David y Jonatán.

COMENTARIO DE ISAAC ABRAVANEL

El amor basado en una causa específica es condicional y, por lo tanto, efímero.

V-17

כָּל מַחֲלֹקֶת שֶׁהִיא לְשֵׁם שָׁמַיִם, סוֹפָהּ לְהִתְקַיֵּם. וְשֶׁאֵינָהּ לְשֵׁם שָׁמַיִם, אֵין סוֹפָהּ לְהִתְקַיֵּם. אֵיזוֹ הִיא מַחֲלֹקֶת שֶׁהִיא לְשֵׁם שָׁמַיִם, זוֹ מַחֲלֹקֶת הִלֵּל וְשַׁמַּאי. וְשֶׁאֵינָהּ לְשֵׁם שָׁמַיִם, זוֹ מַחֲלֹקֶת קֹרַח וְכָל עֲדָתוֹ:

Toda controversia que es por el bien del Cielo, al final perdurará; pero una que no es por el bien del Cielo, no perdurará. ¿Cuál es la controversia que es por el bien del Cielo? Tal fue la controversia de Hillel y Shammai.

¿Y cuál es la controversia que no es por causa del Cielo?
Tal fue la controversia de Coré y toda su congregación.

COMENTARIO DE ISAAC ABRAVANEL
Las discusiones entre las escuelas de Hillel y Shammai
son constructivas y conducen al crecimiento y la clarifi-
cación de la *Torah*.

V-18

כָּל הַמְזַכֶּה אֶת הָרַבִּים, אֵין חֵטְא בָּא עַל יָדוֹ. וְכָל הַמַּחֲטִיא
אֶת הָרַבִּים, אֵין מַסְפִּיקִין בְּיָדוֹ לַעֲשׂוֹת תְּשׁוּבָה. מֹשֶׁה זָכָה
וְזִכָּה אֶת הָרַבִּים, זְכוּת הָרַבִּים תָּלוּי בּוֹ, שֶׁנֶּאֱמַר (דברים לג)
צִדְקַת ה' עָשָׂה וּמִשְׁפָּטָיו עִם יִשְׂרָאֵל. יָרָבְעָם חָטָא וְהֶחֱטִיא
אֶת הָרַבִּים, חֵטְא הָרַבִּים תָּלוּי בּוֹ, שֶׁנֶּאֱמַר (מלכים א טו) עַל
חַטֹּאות יָרָבְעָם (בֶּן נְבָט) אֲשֶׁר חָטָא וַאֲשֶׁר הֶחֱטִיא אֶת יִשְׂ־
רָאֵל:

Aquel que hace que las multitudes sean justas, el pecado no ocurrirá por su cuenta; y aquel que hace que las
multitudes pequen, no le dan la capacidad de arrepentirse. Moisés fue justo e hizo que las multitudes fueran
justas, [por lo tanto] la justicia de las multitudes está
colgada en él, como ha sido dicho: «Él ejecutó la justicia
del Señor y Sus decisiones con Israel» (*Deuteronomio*
XXXIII-21). Jeroboam, pecó e hizo pecar a las multitudes, [por lo tanto] el pecado de las multitudes es colgado
sobre él, como se dice, «Por los pecados de Jeroboam

que él pecó, y que él hizo pecar a Israel por ello» (I *Reyes*
XV-30).

COMENTARIO DE ISAAC ABRAVANEL
Moisés, al guiar al pueblo hacia la justicia y la obediencia
a Dios, acumuló méritos no sólo para sí mismo, sino
también para toda la nación. En contraste, Jeroboam, al
inducir al pueblo al pecado, cargó con la responsabili-
dad de sus propias transgresiones y las de aquellos a
quienes llevó por mal camino.

V-19
כָּל מִי שֶׁיֵּשׁ בְּיָדוֹ שְׁלֹשָׁה דְבָרִים הַלָּלוּ, מִתַּלְמִידָיו שֶׁל אַבְרָהָם
אָבִינוּ. וּשְׁלֹשָׁה דְבָרִים אֲחֵרִים, מִתַּלְמִידָיו שֶׁל בִּלְעָם הָרָשָׁע.
עַיִן טוֹבָה, וְרוּחַ נְמוּכָה, וְנֶפֶשׁ שְׁפָלָה, מִתַּלְמִידָיו שֶׁל אַבְרָהָם
אָבִינוּ. עַיִן רָעָה, וְרוּחַ גְּבוֹהָה, וְנֶפֶשׁ רְחָבָה, מִתַּלְמִידָיו שֶׁל
בִּלְעָם הָרָשָׁע. מַה בֵּין תַּלְמִידָיו שֶׁל אַבְרָהָם אָבִינוּ לְתַלְמִידָיו
שֶׁל בִּלְעָם הָרָשָׁע. תַּלְמִידָיו שֶׁל אַבְרָהָם אָבִינוּ, אוֹכְלִין בָּעוֹלָם
הַזֶּה וְנוֹחֲלִין בָּעוֹלָם הַבָּא, שֶׁנֶּאֱמַר (משלי ח) לְהַנְחִיל אֹהֲבַי
יֵשׁ, וְאֹצְרֹתֵיהֶם אֲמַלֵּא. אֲבָל תַּלְמִידָיו שֶׁל בִּלְעָם הָרָשָׁע יוֹרְ-
שִׁין גֵּיהִנֹּם וְיוֹרְדִין לִבְאֵר שַׁחַת, שֶׁנֶּאֱמַר (תהלים נה) וְאַתָּה
אֱלֹהִים תּוֹרִידֵם לִבְאֵר שַׁחַת, אַנְשֵׁי דָמִים וּמִרְמָה לֹא יֶחֱצוּ
יְמֵיהֶם, וַאֲנִי אֶבְטַח בָּךְ:

Aquel que posee estas tres cosas, es de los discípulos
de Abraham, nuestro padre; y [aquel que posee] otras
tres cosas, es de los discípulos de Balaam, el malvado.

Un buen ojo, un espíritu humilde y un apetito moderado es de los discípulos de Abraham, nuestro padre. Un ojo malo, un espíritu altivo y un apetito ilimitado es de los discípulos de Balaam, el malvado. ¿Cuál es la diferencia entre los discípulos de Abraham, nuestro padre, y los discípulos de Balaam, el malvado? Los discípulos de Abraham, nuestro padre, disfrutan de este mundo, y heredan el mundo venidero, como se dice: «A los que me aman los dotaré de bienes, llenaré sus tesoros» (*Proverbios* VIII-21). Pero los discípulos de Balaam, los malvados, heredan el *Guehinnom*, y descienden al pozo más bajo, como ha sido dicho: «Porque tú, oh Dios, los harás descender al pozo más bajo a esos hombres asesinos y traidores; no vivirán ni la mitad de sus días; pero yo confío en ti» (*Salmos* LV-24).

COMENTARIO DE ISAAC ABRAVANEL

Los verdaderos seguidores de Abraham exhiben generosidad, humildad y modestia. Estas virtudes reflejan una disposición altruista y una conexión sincera con Dios. Por el contrario, los seguidores de Balaam, el malvado, muestran envidia, arrogancia y codicia.

יְהוּדָה בֶן תֵּימָא אוֹמֵר, הֱוֵי עַז כַּנָּמֵר, וְקַל כַּנֶּשֶׁר, וְרָץ כַּצְּבִי,
וְגִבּוֹר כָּאֲרִי, לַעֲשׂוֹת רְצוֹן אָבִיךְ שֶׁבַּשָּׁמָיִם. הוּא הָיָה אוֹמֵר, עַז
פָּנִים לְגֵיהִנֹּם, וּבֹשֶׁת פָּנִים לְגַן עֵדֶן. יְהִי רָצוֹן מִלְּפָנֶיךָ יְיָ
אֱלֹהֵינוּ שֶׁתִּבְנֶה עִירְךָ בִּמְהֵרָה בְיָמֵינוּ וְתֵן חֶלְקֵנוּ בְתוֹרָתֶךְ:

Judah ben Tema decía: sé fuerte como un leopardo, y
rápido como un águila, y veloz como una gacela, y va-
liente como un león, para hacer la voluntad de tu Padre
que está en el Cielo. Solía decir: el arrogante se dirige a
Guehinnom y el vergonzoso al jardín del Edén. Que sea
la voluntad, Señor nuestro Dios, que tu ciudad sea re-
construida rápidamente en nuestros días y que pongas
nuestra porción en el estudio de tu *Torah*.

COMENTARIO DE ISAAC ABRAVANEL

La audacia del leopardo representa el coraje para superar obstáculos; la ligereza del águila simboliza la agilidad
mental para comprender la *Torah*; la rapidez del ciervo
indica la prontitud para cumplir los mandamientos; y la
fuerza del león denota la valentía para enfrentar desafíos
espirituales.

V-21

הוּא הָיָה אוֹמֵר, בֶּן חָמֵשׁ שָׁנִים לַמִּקְרָא, בֶּן עֶשֶׂר לַמִּשְׁנָה, בֶּן שְׁלֹשׁ עֶשְׂרֵה לַמִּצְוֹת, בֶּן חֲמֵשׁ עֶשְׂרֵה לַתַּלְמוּד, בֶּן שְׁמֹנֶה עֶשְׂרֵה לַחֻפָּה, בֶּן עֶשְׂרִים לִרְדֹּף, בֶּן שְׁלֹשִׁים לַכֹּחַ, בֶּן אַרְבָּעִים לַבִּינָה, בֶּן חֲמִשִּׁים לָעֵצָה, בֶּן שִׁשִּׁים לַזִּקְנָה, בֶּן שִׁבְעִים לַשֵּׂיבָה, בֶּן שְׁמֹנִים לַגְּבוּרָה, בֶּן תִּשְׁעִים לָשׁוּחַ, בֶּן מֵאָה כְּאִלּוּ מֵת וְעָבַר וּבָטֵל מִן הָעוֹלָם:

Solía decir: a los cinco años el estudio de las Escrituras; a los diez el estudio de la Mishná; a los trece los preceptos; a los quince el estudio del Talmud; a los dieciocho el palio nupcial; a los veinte la búsqueda [del sustento]; a los treinta la cima de la fuerza; a los cuarenta, el entendimiento; a los cincuenta, la capacidad de aconsejar; a los sesenta, la vejez; a los setenta, la plenitud de los años; a los ochenta, la edad de la «fuerza»; a los noventa, el cuerpo encorvado; a los cien, la muerte y la salida completa del mundo.

COMENTARIO DE ISAAC ABRAVANEL

Hay que reconocer y abrazar las responsabilidades y oportunidades únicas que cada etapa de la vida ofrece.

V-22

בֶּן בַּג בַּג אוֹמֵר, הֲפֹךְ בָּהּ וַהֲפֹךְ בָּהּ, דְּכֹלָּא בָהּ. וּבָהּ תֶּחֱזֵי, וְסִיב וּבְלֵה בָהּ, וּמִנַּהּ לֹא תָזוּעַ, שֶׁאֵין לְךָ מִדָּה טוֹבָה הֵימֶנָּה:

Ben Bag Bag dijo: dale la vuelta, y [otra vez] dale la vuelta, porque todo está en ella. Y mirad en ella; y desgástate y envejece en ella; y no os apartéis de ella, porque no tenéis mejor porción que ella.

COMENTARIO DE ISAAC ABRAVANEL

La *Torah* es una fuente inagotable de sabiduría que abarca todos los aspectos de la vida, y que el compromiso con su estudio conduce a una comprensión más profunda y a una vida más plena.

V-23

בֶּן הֵא הֵא אוֹמֵר, לְפוּם צַעֲרָא אַגְרָא:

Ben He He dijo: según el trabajo es la recompensa.

CAPÍTULO VI

VI-1

שָׁנוּ חֲכָמִים בִּלְשׁוֹן הַמִּשְׁנָה, בָּרוּךְ שֶׁבָּחַר בָּהֶם וּבְמִשְׁנָתָם:
רַבִּי מֵאִיר אוֹמֵר כָּל הָעוֹסֵק בַּתּוֹרָה לִשְׁמָהּ, זוֹכֶה לִדְבָרִים
הַרְבֵּה. וְלֹא עוֹד אֶלָּא שֶׁכָּל הָעוֹלָם כֻּלּוֹ כְּדַי הוּא לוֹ. נִקְרָא רֵעַ,
אָהוּב, אוֹהֵב אֶת הַמָּקוֹם, אוֹהֵב אֶת הַבְּרִיּוֹת, מְשַׂמֵּחַ אֶת
הַמָּקוֹם, מְשַׂמֵּחַ אֶת הַבְּרִיּוֹת. וּמַלְבַּשְׁתּוֹ עֲנָוָה וְיִרְאָה, וּמַכְשַׁ־
רַתּוֹ לִהְיוֹת צַדִּיק וְחָסִיד וְיָשָׁר וְנֶאֱמָן, וּמְרַחַקְתּוֹ מִן הַחֵטְא,
וּמְקָרַבְתּוֹ לִידֵי זְכוּת, וְנֶהֱנִין מִמֶּנּוּ עֵצָה וְתוּשִׁיָּה בִּינָה וּגְבוּרָה,
שֶׁנֶּאֱמַר (משלי ח) לִי עֵצָה וְתוּשִׁיָּה אֲנִי בִינָה לִי גְבוּרָה. וְנוֹ־
תֶנֶת לוֹ מַלְכוּת וּמֶמְשָׁלָה וְחִקּוּר דִּין, וּמְגַלִּין לוֹ רָזֵי תוֹרָה, וְנַעֲ־
שֶׂה כְּמַעְיָן הַמִּתְגַּבֵּר וּכְנָהָר שֶׁאֵינוֹ פוֹסֵק, וֶהֱוֵי צָנוּעַ וְאֶרֶךְ
רוּחַ, וּמוֹחֵל עַל עֶלְבּוֹנוֹ, וּמְגַדַּלְתּוֹ וּמְרוֹמַמְתּוֹ עַל כָּל הַמַּעֲ־
שִׂים:

Los sabios enseñaron en el lenguaje de la Mishná.
Bendito sea Aquel que los eligió a ellos ya su enseñanza.
Rabbí Meir dijo: aquel que se ocupa de la *Torah* por sí
misma, merece muchas cosas; no sólo eso, sino que vale

todo el mundo. Se le llama amigo amado; uno que ama a Dios; uno que ama a la humanidad; uno que alegra a Dios; uno que alegra a la humanidad. Y la *Torah* lo viste de humildad y reverencia, y lo equipa para ser justo, piadoso, recto y digno de confianza; lo mantiene alejado del pecado y lo acerca al mérito. Y la gente se beneficia de su consejo, conocimiento sano, entendimiento y fuerza, como ha sido dicho: «El consejo es mío y la sabiduría sana; Yo soy entendido, la fuerza es mía» (*Proverbios* VIII-14). Y le otorga realeza, dominio y agudeza en el juicio. A él le son revelados los secretos de la *Torah*, y él es hecho como un manantial que siempre fluye, y como una corriente que nunca cesa. Y se vuelve modesto, paciente y perdonador del insulto. Y lo magnifica y lo exalta por encima de todo.

COMENTARIO DE ISAAC ABRAVANEL

El estudio de la *Torah* «por sí misma» *(lishmá)* implica una dedicación desinteresada, sin buscar recompensas externas. Quien se dedica a la *Torah* de esta manera alcanza numerosas virtudes y beneficios, tanto para sí mismo como para la comunidad. La *Torah* transforma al individuo, otorgándole humildad, reverencia y una disposición ética que lo convierte en un modelo a seguir.

אָמַר רַבִּי יְהוֹשֻׁעַ בֶּן לֵוִי, בְּכָל יוֹם וָיוֹם בַּת קוֹל יוֹצֵאת מֵהַר
חוֹרֵב וּמַכְרֶזֶת וְאוֹמֶרֶת, אוֹי לָהֶם לַבְּרִיּוֹת מֵעֶלְבּוֹנָהּ שֶׁל
תּוֹרָה. שֶׁכָּל מִי שֶׁאֵינוֹ עוֹסֵק בַּתּוֹרָה נִקְרָא נָזוּף, שֶׁנֶּאֱמַר
(משלי יא) נֶזֶם זָהָב בְּאַף חֲזִיר אִשָּׁה יָפָה וְסָרַת טָעַם. וְאוֹמֵר
(שמות לב) וְהַלֻּחֹת מַעֲשֵׂה אֱלֹהִים הֵמָּה וְהַמִּכְתָּב מִכְתַּב
אֱלֹהִים הוּא חָרוּת עַל הַלֻּחֹת, אַל תִּקְרָא חָרוּת אֶלָּא חֵרוּת,
שֶׁאֵין לְךָ בֶּן חוֹרִין אֶלָּא מִי שֶׁעוֹסֵק בְּתַלְמוּד תּוֹרָה. וְכָל מִי
שֶׁעוֹסֵק בְּתַלְמוּד תּוֹרָה הֲרֵי זֶה מִתְעַלֶּה, שֶׁנֶּאֱמַר (במדבר
כא) וּמִמַּתָּנָה נַחֲלִיאֵל וּמִנַּחֲלִיאֵל בָּמוֹת:

Rabbí Joshua ben Levi dijo: todos los días un *Bat Kol* (una voz celestial) sale del monte Horeb y hace una proclamación y dice: «Ay de la humanidad por su desprecio hacia la *Torah*», porque quien no se ocupa del estudio de la *Torah* se llama, *nazuf*.[1] Como está dicho, «Como un anillo de oro en el hocico de un cerdo es una mujer hermosa desprovista de sentido» (*Proverbios* XI-22). Y ha sido dicho: «Y las tablas fueron la obra de Dios, y la escritura era escritura de Dios, grabada sobre tablas» (*Éxodo* XXXII-16). No hay que leer *Jaruth* [«grabado»] sino *Jeruth* [«libertad»]. Porque no hay hombre libre sino el que se ocupa con el estudio de la *Torah*. Y cualquiera que se ocupe regularmente con el estudio de la *Torah* seguramente será exaltado, como ha sido dicho:

---

1. Reprendido, amonestado, despreciable.

«Y desde Mataná hasta Nahaliel, y desde Nahaliel hasta Bamot» (*Números* XXI-19).

COMENTARIO DE ISAAC ABRAVANEL

La *Bat Kol* que emana diariamente del monte Horeb es una llamada constante a la humanidad para valorar y dedicarse al estudio de la *Torah*.

VI-3

הַלּוֹמֵד מֵחֲבֵרוֹ פֶּרֶק אֶחָד אוֹ הֲלָכָה אַחַת אוֹ פָּסוּק אֶחָד אוֹ
דִּבּוּר אֶחָד אוֹ אֲפִלּוּ אוֹת אַחַת, צָרִיךְ לִנְהוֹג בּוֹ כָּבוֹד, שֶׁכֵּן
מָצִינוּ בְדָוִד מֶלֶךְ יִשְׂרָאֵל, שֶׁלֹּא לָמַד מֵאֲחִיתֹפֶל אֶלָּא שְׁנֵי דְ־
בָרִים בִּלְבָד, קְרָאוֹ רַבּוֹ אַלּוּפוֹ וּמְיֻדָּעוֹ, שֶׁנֶּאֱמַר (תהלים נה)
וְאַתָּה אֱנוֹשׁ כְּעֶרְכִּי אַלּוּפִי וּמְיֻדָּעִי. וַהֲלֹא דְבָרִים קַל וָחֹמֶר,
וּמַה דָּוִד מֶלֶךְ יִשְׂרָאֵל, שֶׁלֹּא לָמַד מֵאֲחִיתֹפֶל אֶלָּא שְׁנֵי דְבָרִים
בִּלְבַד קְרָאוֹ רַבּוֹ אַלּוּפוֹ וּמְיֻדָּעוֹ, הַלּוֹמֵד מֵחֲבֵרוֹ פֶּרֶק אֶחָד אוֹ
הֲלָכָה אַחַת אוֹ פָּסוּק אֶחָד אוֹ דִבּוּר אֶחָד אוֹ אֲפִלּוּ אוֹת
אַחַת, עַל אַחַת כַּמָּה וְכַמָּה שֶׁצָּרִיךְ לִנְהוֹג בּוֹ כָּבוֹד. וְאֵין כָּבוֹד
אֶלָּא תוֹרָה, שֶׁנֶּאֱמַר (משלי ג) כָּבוֹד חֲכָמִים יִנְחָלוּ, (משלי
כח) וּתְמִימִים יִנְחֲלוּ טוֹב, וְאֵין טוֹב אֶלָּא תוֹרָה, שֶׁנֶּאֱמַר
(משלי ד) כִּי לֶקַח טוֹב נָתַתִּי לָכֶם תּוֹרָתִי אַל תַּעֲזֹבוּ:

El que aprende de su compañero un capítulo, o una *Halajah*, o un versículo, o una palabra, o incluso una letra, está obligado a tratarlo con honor; pues así lo encontramos con David, rey de Israel, que aprendió de Ahitofel no más que dos cosas, y sin embargo lo llamó su maestro, su guía y su amigo amado, como se dicha sido dichoe: «Pero fuiste tú, un hombre igual a mí, mi guía y mi amigo amado» (*Salmos* LV-14). ¿No es esto [un ejemplo del argumento] «del menor al mayor» (*kal vehomer*)? Si David, rey de Israel, que no aprendió de Ahitofel más que dos cosas, lo llamó sin embargo su maestro, su guía y su amigo amado; entonces en el caso de quien aprende de su compañero un capítulo, o una *Halajah*, o un versículo, o una palabra, o incluso una letra, con mayor razón está obligado a tratarlo con honor. Y «honor» no significa otra cosa que la *Torah*, como ha sido dicho: «Es el honor lo que heredan los sabios» (*Proverbios* III-35). «Y el perfecto heredará el bien» (*Proverbios* XXVIII-10), y «bien» no significa otra cosa que la *Torah*, como ha sido dicho: «Porque yo te doy buena instrucción; no abandones mi *Torah*» (*Proverbios* IV-2).

COMENTARIO DE ISAAC ABRAVANEL

Es importante honrar a cualquier persona de la que se haya aprendido algo, sin importar cuán pequeño sea el conocimiento transmitido.

VI-4

כַּךְ הִיא דַּרְכָּהּ שֶׁל תּוֹרָה, פַּת בְּמֶלַח תֹּאכֵל, וּמַיִם בִּמְשׂוּרָה תִשְׁתֶּה, וְעַל הָאָרֶץ תִּישַׁן, וְחַיֵּי צַעַר תִּחְיֶה, וּבַתּוֹרָה אַתָּה עָמֵל, אִם אַתָּה עֹשֶׂה כֵן, (תהלים קכח) אַשְׁרֶיךָ וְטוֹב לָךְ. אַשְׁרֶיךָ בָּעוֹלָם הַזֶּה וְטוֹב לָךְ לָעוֹלָם הַבָּא:

Tal es el camino de la *Torah*: [2]comerás pan con sal, y beberás agua racionada; dormirás en el suelo, tu vida será de privaciones, y en la *Torah* trabajarás. Si haces esto, «Serás feliz y te irá bien» (*Salmos* CXXVIII-2): «serás feliz» en este mundo, «y te irá bien» en el mundo venidero.

COMENTARIO DE ISAAC ABRAVANEL

Este pasaje no debe tomarse literalmente, ya que hace hincapié ena necesidad de una vida de moderación y enfoque en el estudio de la *Torah*. Este compromiso conduce a la verdadera felicidad y bienestar, tanto en este mundo como en el venidero.

VI-5

אַל תְּבַקֵּשׁ גְּדֻלָּה לְעַצְמְךָ, וְאַל תַּחְמֹד כָּבוֹד, יוֹתֵר מִלִּמּוּדְךָ עֲשֵׂה, וְאַל תִּתְאַוֶּה לְשֻׁלְחָנָם שֶׁל מְלָכִים, שֶׁשֻּׁלְחָנְךָ גָּדוֹל מִשֶּׁלָּחָנָם, וְכִתְרְךָ גָּדוֹל מִכִּתְרָם, וְנֶאֱמָן הוּא בַּעַל מְלַאכְתְּךָ שֶׁיְשַׁלֶּם לְךָ שְׂכַר פְּעֻלָּתֶךָ:

No busques la grandeza para ti mismo, y no codicies el honor. Practica más de lo que aprendes. No anheles la mesa de los reyes, porque tu mesa es mayor que la de ellos, y tu corona es mayor que la de ellos, y fiel es tu patrón para pagarte la recompensa de tu trabajo.

---

2. De una vida de acuerdo a la *Torah*.

גְּדוֹלָה תּוֹרָה יוֹתֵר מִן הַכְּהֻנָּה וּמִן הַמַּלְכוּת, שֶׁהַמַּלְכוּת נִקְנֵית
בִּשְׁלֹשִׁים מַעֲלוֹת, וְהַכְּהֻנָּה בְּעֶשְׂרִים וְאַרְבַּע, וְהַתּוֹרָה נִקְנֵית
בְּאַרְבָּעִים וּשְׁמֹנָה דְבָרִים. וְאֵלּוּ הֵן, בְּתַלְמוּד, בִּשְׁמִיעַת הָאֹזֶן,
בַּעֲרִיכַת שְׂפָתַיִם, בְּבִינַת הַלֵּב, בְּשִׂכְלוּת הַלֵּב, בְּאֵימָה, בְּיִ־
רְאָה, בַּעֲנָוָה, בְּשִׂמְחָה, בְּטָהֳרָה, בְּשִׁמּוּשׁ חֲכָמִים, בְּדִקְדּוּק
חֲבֵרִים, וּבְפִלְפּוּל הַתַּלְמִידִים, בְּיִשּׁוּב, בַּמִּקְרָא, בַּמִּשְׁנָה, בְּמִ־
עוּט סְחוֹרָה, בְּמִעוּט דֶּרֶךְ אֶרֶץ, בְּמִעוּט תַּעֲנוּג, בְּמִעוּט שֵׁינָה,
בְּמִעוּט שִׂיחָה, בְּמִעוּט שְׂחוֹק, בְּאֶרֶךְ אַפַּיִם, בְּלֵב טוֹב, בֶּאֱמוּ־
נַת חֲכָמִים, וּבְקַבָּלַת הַיִּסּוּרִין, הַמַּכִּיר אֶת מְקוֹמוֹ, וְהַשָּׂמֵחַ
בְּחֶלְקוֹ, וְהָעוֹשֶׂה סְיָג לִדְבָרָיו, וְאֵינוֹ מַחֲזִיק טוֹבָה לְעַצְמוֹ,
אָהוּב, אוֹהֵב אֶת הַמָּקוֹם, אוֹהֵב אֶת הַבְּרִיּוֹת, אוֹהֵב אֶת הַצְּ־
דָקוֹת, אוֹהֵב אֶת הַמֵּישָׁרִים, אוֹהֵב אֶת הַתּוֹכָחוֹת, מִתְרַחֵק מִן
הַכָּבוֹד, וְלֹא מֵגִיס לִבּוֹ בְּתַלְמוּדוֹ, וְאֵינוֹ שָׂמֵחַ בְּהוֹרָאָה, נוֹשֵׂא
בְּעֹל עִם חֲבֵרוֹ, מַכְרִיעוֹ לְכַף זְכוּת, מַעֲמִידוֹ עַל הָאֱמֶת, וּמַעֲ־
מִידוֹ עַל הַשָּׁלוֹם, מִתְיַשֵּׁב לִבּוֹ בְּתַלְמוּדוֹ, שׁוֹאֵל וּמֵשִׁיב, שׁוֹמֵעַ
וּמוֹסִיף, הַלּוֹמֵד עַל מְנָת לְלַמֵּד וְהַלּוֹמֵד עַל מְנָת לַעֲשׂוֹת, הַמַּ־
חְכִּים אֶת רַבּוֹ, וְהַמְכַוֵּן אֶת שְׁמוּעָתוֹ, וְהָאוֹמֵר דָּבָר בְּשֵׁם
אוֹמְרוֹ, הָא לָמַדְתָּ שֶׁכָּל הָאוֹמֵר דָּבָר בְּשֵׁם אוֹמְרוֹ מֵבִיא
גְאֻלָּה לָעוֹלָם, שֶׁנֶּאֱמַר (אסתר ב) וַתֹּאמֶר אֶסְתֵּר לַמֶּלֶךְ בְּשֵׁם
מָרְדְּכָי:

El aprendizaje de la *Torah* es mayor que el sacerdocio
y que la realeza, porque la realeza se adquiere por treinta
etapas, y el sacerdocio por veinticuatro, pero la *Torah* por
cuarenta y ocho cosas. Por el estudio, por la escucha aten-
ta, por la palabra adecuada, por un corazón comprensivo,
por un corazón inteligente, por el temor, por la humil-

dad, por la alegría, por la atención a los sabios, cotejando con los compañeros, por la argumentación fina con los discípulos, por el pensamiento claro, por el estudio de las Escrituras, por el estudio de la *Mishnah*, por un mínimo de sueño, por un mínimo de charla, por un mínimo de placer, por un mínimo de frivolidad, por un mínimo de preocupación por los asuntos mundanos, por la longanimidad, por la generosidad, por la fe en los sabios, por la aceptación del sufrimiento. [El aprendizaje de la *Torah* también lo adquiere aquel] que reconoce su lugar, que se regocija en su porción, que hace un cerco a sus palabras, que no se atribuye ningún mérito, que es amado, que ama a Dios, que ama a [sus semejantes], que ama los caminos justos, que ama la reprensión, que ama la rectitud, que se mantiene lejos de los honores, que no deja que su corazón se hinche a causa de su aprendizaje, que no se deleita en dar decisiones legales, que comparte la carga con su colega, que juzga con la balanza ponderada a su favor, que conduce a la verdad, que conduce a la paz, que mantiene su corazón en su estudio, que pregunta y responde, que escucha [a otros], y [él mismo] añade [a su conocimiento], que aprende para enseñar, que aprende para practicar, que hace a su maestro más sabio, que es exacto en lo que ha aprendido, y que dice una cosa en nombre de quien la dijo. Esto has aprendido: todo el que dice una cosa en nombre de quien la dijo, trae la liberación al mundo, como ha sido dicho: «Y Esther se lo dijo al rey en nombre de Mardoqueo» (*Esther* II-22).

COMENTARIO DE ISAAC ABRAVANEL

La *Torah* es una fuente de vida, salud, honor y prosperidad para quienes la estudian y practican pues guía a las personas en la toma de decisiones justas y en la gobernanza, otorgándoles éxito y reconocimiento en sus vidas.

VI-7

גְּדוֹלָה תוֹרָה שֶׁהִיא נוֹתֶנֶת חַיִּים לְעֹשֶׁיהָ בָּעוֹלָם הַזֶּה וּבָעוֹלָם הַבָּא, שֶׁנֶּאֱמַר (משלי ד) כִּי חַיִּים הֵם לְמֹצְאֵיהֶם וּלְכָל בְּשָׂרוֹ מַרְפֵּא. וְאוֹמֵר (שם ג) רִפְאוּת תְּהִי לְשָׁרֶּךָ וְשִׁקּוּי לְעַצְמוֹתֶיךָ. וְאוֹמֵר (שם ג) עֵץ חַיִּים הִיא לַמַּחֲזִיקִים בָּהּ וְתֹמְכֶיהָ מְאֻשָּׁר. וְאוֹמֵר (שם א) כִּי לִוְיַת חֵן הֵם לְרֹאשֶׁךָ וַעֲנָקִים לְגַרְגְּרֹתֶיךָ. וְאוֹמֵר (שם ד) תִּתֵּן לְרֹאשְׁךָ לִוְיַת חֵן עֲטֶרֶת תִּפְאֶרֶת תְּמַגְּנֶךָּ. וְאוֹמֵר (שם ט) כִּי בִי יִרְבּוּ יָמֶיךָ וְיוֹסִיפוּ לְךָ שְׁנוֹת חַיִּים. וְאוֹמֵר (שם ג) אֹרֶךְ יָמִים בִּימִינָהּ בִּשְׂמֹאולָהּ עֹשֶׁר וְכָבוֹד. וְאוֹמֵר (שם) כִּי אֹרֶךְ יָמִים וּשְׁנוֹת חַיִּים וְשָׁלוֹם יוֹסִיפוּ לָךְ. וְאוֹמֵר (שם) דְּרָכֶיהָ דַרְכֵי נֹעַם וְכָל נְתִיבוֹתֶיהָ שָׁלוֹם:

Grande es la *Torah* porque da vida a los que la practican, en este mundo y en el mundo venidero, como ha sido dicho: «Porque son vida para los que la encuentran, y salud para toda su carne» (*Proverbios* IV-22), Y dice: «Será una cura para tu ombligo y médula para tus huesos» (*Ibid*. III-8) Y dice: «Es un árbol de vida para los que la agarran, y quien se aferra a ella es feliz» (*Ibid*. III-18), y ha sido dicho: «Porque son una graciosa corona sobre tu cabeza, un collar alrededor de tu garganta»

(*Ibid.* 1:9), Y dice: «Ella adornará tu cabeza con una elegante corona; te coronará con una gloriosa diadema» (*Ibid.* 4:9) y dice: «En su mano derecha hay duración de días, en su izquierda riquezas y honor» (*Ibid.* 3:1, y ha sido dicho: «Porque te concederán duración de días, años de vida y paz» (*Ibid.* 3:2).

VI-8

רַבִּי שִׁמְעוֹן בֶּן יְהוּדָה מִשּׁוּם רַבִּי שִׁמְעוֹן בֶּן יוֹחַאי אוֹמֵר, הַנּוֹי
וְהַכֹּחַ וְהָעֹשֶׁר וְהַכָּבוֹד וְהַחָכְמָה וְהַזִּקְנָה וְהַשֵּׂיבָה וְהַבָּנִים,
נָאֶה לַצַּדִּיקִים וְנָאֶה לָעוֹלָם, שֶׁנֶּאֱמַר (שם טז) עֲטֶרֶת תִּפְאֶֽרֶת שֵׂיבָה בְּדֶֽרֶךְ צְדָקָה תִּמָּצֵא. וְאוֹמֵר (שם כ) תִּפְאֶרֶת בַּחוּרִים כֹּחָם וַהֲדַר זְקֵנִים שֵׂיבָה. וְאוֹמֵר (שם יד) עֲטֶרֶת חֲכָמִים עָשְׁרָם. וְאוֹמֵר (שם יז) עֲטֶרֶת זְקֵנִים בְּנֵי בָנִים וְתִפְאֶרֶת בָּנִים אֲבוֹתָם. וְאוֹמֵר (ישעיה כד) וְחָפְרָה הַלְּבָנָה וּבוֹשָׁה הַחַמָּה, כִּי מָלַךְ ה' צְבָאוֹת בְּהַר צִיּוֹן וּבִירוּשָׁלַֽיִם וְנֶֽגֶד זְקֵנָיו כָּבוֹד. רַבִּי שִׁמְעוֹן בֶּן מְנַסְיָא אוֹמֵר, אֵלּוּ שֶׁבַע מִדּוֹת שֶׁמָּנוּ חֲכָמִים לַצַּדִּיקִים, כֻּלָּם נִתְקַיְּמוּ בְרַבִּי וּבְבָנָיו:

Rabbí Shimon ben Menasia dijo en nombre de Rabbí Shimon ben Yohai: la belleza, la fuerza, las riquezas, el honor, la sabiduría, las canas y los hijos, son bellos para el justo, y bellos para el mundo, como ha sido dicho: «Las canas son una corona de gloria; se alcanzan por medio de la rectitud» (*Proverbios* XVI-31), y ha sido dicho: «El ornamento de los sabios es su riqueza» (*Ibid.* XIV-24), Y dice: «La gloria de los jóvenes es su fuerza; y la belleza de los ancianos son sus canas» (*Ibid*. XX-29), Y dice: «Los nietos son la gloria de sus mayores, y la gloria de los hijos son sus padres» (*Ibid*. XVII-6), Y dice: «Entonces la Luna se avergonzará, y el Sol se abochornará. Porque el Señor de los Ejércitos reinará en el monte Sión y en Jerusalén, y el honor de Dios se revelará a sus ancianos» (*Isaías* XXIV-23). Rabbí Shimon ben Menasiya dijo: estas siete cualidades, que los sabios han enumerado [como propias] de los justos, se cumplieron todas ellas en Rabbí y sus hijos.

COMENTARIO DE ISAAC ABRAVANEL

La belleza, la fuerza, las riquezas, el honor, la sabiduría, las canas y los hijos, no sólo benefician a los individuos que las poseen, sino que también aportan armonía y equilibrio al mundo en su conjunto. Al combinarse con la justicia y la rectitud, estas cualidades contribuyen al bienestar y la prosperidad de todos.

אָמַר רַבִּי יוֹסֵי בֶּן קִסְמָא, פַּעַם אַחַת הָיִיתִי מְהַלֵּךְ בַּדֶּרֶךְ וּפָגַע
בִּי אָדָם אֶחָד, וְנָתַן לִי שָׁלוֹם, וְהֶחֱזַרְתִּי לוֹ שָׁלוֹם. אָמַר לִי,
רַבִּי, מֵאֵיזֶה מָקוֹם אַתָּה. אָמַרְתִּי לוֹ, מֵעִיר גְּדוֹלָה שֶׁל חֲכָמִים
וְשֶׁל סוֹפְרִים אָנִי. אָמַר לִי, רַבִּי, רְצוֹנְךָ שֶׁתָּדוּר עִמָּנוּ בִּמְקוֹמֵנוּ,
וַאֲנִי אֶתֵּן לְךָ אֶלֶף אֲלָפִים דִּינְרֵי זָהָב וַאֲבָנִים טוֹבוֹת
וּמַרְגָּלִיּוֹת. אָמַרְתִּי לוֹ, בְּנִי, אִם אַתָּה נוֹתֵן לִי כָל כֶּסֶף וְזָהָב
וַאֲבָנִים טוֹבוֹת וּמַרְגָּלִיּוֹת שֶׁבָּעוֹלָם, אֵינִי דָר אֶלָּא בִמְקוֹם
תוֹרָה. וְלֹא עוֹד, אֶלָּא שֶׁבִּשְׁעַת פְּטִירָתוֹ שֶׁל אָדָם אֵין מְלַוִּין לוֹ
לְאָדָם לֹא כֶסֶף וְלֹא זָהָב וְלֹא אֲבָנִים טוֹבוֹת וּמַרְגָּלִיּוֹת, אֶלָּא
תוֹרָה וּמַעֲשִׂים טוֹבִים בִּלְבַד, שֶׁנֶּאֱמַר (משלי ו) בְּהִתְהַלֶּכְךָ
תַּנְחֶה אֹתָךְ, בְּשָׁכְבְּךָ תִּשְׁמֹר עָלֶיךָ, וַהֲקִיצוֹתָ הִיא תְשִׂיחֶךָ. בְּהִ-
תְהַלֶּכְךָ תַּנְחֶה אֹתָךְ, בָּעוֹלָם הַזֶּה, בְּשָׁכְבְּךָ תִּשְׁמֹר עָלֶיךָ,
בַּקֶּבֶר, וַהֲקִיצוֹתָ הִיא תְשִׂיחֶךָ, לָעוֹלָם הַבָּא. וְכֵן כָּתוּב בְּסֵפֶר
תְּהִלִּים עַל יְדֵי דָוִד מֶלֶךְ יִשְׂרָאֵל (תהלים קיט), טוֹב לִי תוֹרַת
פִּיךָ מֵאַלְפֵי זָהָב וָכָסֶף. וְאוֹמֵר (חגי ב) לִי הַכֶּסֶף וְלִי הַזָּהָב
אָמַר ה' צְבָאוֹת:

Rabbí Iosi ben Kisma dijo: una vez estaba caminando
por el camino cuando un hombre se encontró conmigo,
y me saludó y yo le saludé. Me dijo: «Rabbí, ¿de dónde
eres?». Le respondí: «Soy de una gran ciudad de sabios y
escribas». Me dijo: «Rabbí, ¿considerarías vivir con nosotros en nuestro lugar? Te daría mil denarios de oro, y
piedras preciosas y perlas». Yo le dije: «Hijo mío, aunque
me dieras toda la plata y el oro, las piedras preciosas y las
perlas que hay en el mundo, no viviría en ninguna parte, excepto en un lugar de *Torah*; porque cuando un

hombre fallece no le acompañan ni el oro ni la plata, ni las piedras preciosas ni las perlas, sino sólo la *Torah* y las buenas acciones, como ha sido dicho: «Cuando camines te guiará. Cuando te acuestes te vigilará, y cuando estés despierto hablará contigo» (*Proverbios* VI-22). «Cuando camines te guiará» en este mundo. «Cuando te acuestes, te vigilará» en la tumba; «y cuando estés despierto, hablará contigo» en el mundo venidero. Y así está escrito en el libro de los Salmos de David, rey de Israel: «Prefiero la enseñanza que has proclamado a miles de piezas de oro y plata» (*Salmos* CXIX-72), y ha sido dicho: «Mía es la plata, y mío el oro, dice el Señor de los Ejércitos» (*Ageo* II-8).

COMENTARIO DE ISAAC ABRAVANEL

Al final de la vida, sólo la *Torah* y las *mitzvot* acompañan al individuo, mientras que las posesiones materiales quedan atrás.

חֲמִשָּׁה קִנְיָנִים קָנָה לוֹ הַקָּדוֹשׁ בָּרוּךְ הוּא בְּעוֹלָמוֹ, וְאֵלּוּ הֵן,
תּוֹרָה קִנְיָן אֶחָד, שָׁמַיִם וָאָרֶץ קִנְיָן אֶחָד, אַבְרָהָם קִנְיָן אֶחָד,
יִשְׂרָאֵל קִנְיָן אֶחָד, בֵּית הַמִּקְדָּשׁ קִנְיָן אֶחָד. תּוֹרָה מִנַּיִן, דִּכְתִיב
(משלי ח), ה' קָנָנִי רֵאשִׁית דַּרְכּוֹ קֶדֶם מִפְעָלָיו מֵאָז. שָׁמַיִם
וָאָרֶץ קִנְיָן אֶחָד מִנַּיִן, דִּכְתִיב (ישעיה סו), כֹּה אָמַר ה' הַשָּׁ־
מַיִם כִּסְאִי וְהָאָרֶץ הֲדֹם רַגְלַי אֵי זֶה בַיִת אֲשֶׁר תִּבְנוּ לִי וְאֵי זֶה
מָקוֹם מְנוּחָתִי, וְאוֹמֵר (תהלים קד) מָה רַבּוּ מַעֲשֶׂיךָ ה' כֻּלָּם
בְּחָכְמָה עָשִׂיתָ מָלְאָה הָאָרֶץ קִנְיָנֶךָ. אַבְרָהָם קִנְיָן אֶחָד מִנַּיִן,
דִּכְתִיב (בראשית יד), וַיְבָרְכֵהוּ וַיֹּאמַר בָּרוּךְ אַבְרָם לְאֵל עֶלְיוֹן
קֹנֵה שָׁמַיִם וָאָרֶץ. יִשְׂרָאֵל קִנְיָן אֶחָד מִנַּיִן, דִּכְתִיב (שמות טו),
עַד יַעֲבֹר עַמְּךָ ה' עַד יַעֲבֹר עַם זוּ קָנִיתָ, וְאוֹמֵר (תהלים טז)
לִקְדוֹשִׁים אֲשֶׁר בָּאָרֶץ הֵמָּה וְאַדִּירֵי כָּל חֶפְצִי בָם. בֵּית הַמִּקְ־
דָּשׁ קִנְיָן אֶחָד מִנַּיִן, דִּכְתִיב (שמות טו), מָכוֹן לְשִׁבְתְּךָ פָּעַלְתָּ
ה' מִקְדָּשׁ ה' כּוֹנְנוּ יָדֶיךָ. וְאוֹמֵר (תהלים עח) וַיְבִיאֵם אֶל גְּבוּל
קָדְשׁוֹ הַר זֶה קָנְתָה יְמִינוֹ:

Cinco posesiones el Santo Bendito, apartó como suyas en este mundo, y éstas son: la *Torah*, una posesión; los Cielos y la Tierra, otra posesión; Abraham, otra posesión; Israel, otra posesión; el Templo, otra posesión. 1a) La *Torah* es una posesión. ¿De dónde sabemos esto? Porque está escrito: «El Señor me poseyó al principio de su curso, en la primera de sus obras de la antigüedad» (*Proverbios* VIII-22). 2a) Los Cielos y la Tierra, otra posesión. ¿De dónde sabemos esto? Porque ha sido dicho: «Así dijo el Señor: el Cielo es Mi trono y la Tierra es el escabel de Mis pies; ¿dónde podríais construirme una casa, qué lugar podría servirme de morada?» (*Isaías* LX-VI-1) Y ha sido dicho: «Cuántas cosas has hecho, Señor; las has hecho todas con sabiduría; la Tierra está llena de Tus posesiones» (*Salmos* CIV-24). 3a) Abraham es otra posesión. ¿De dónde sabemos esto? Porque está escrito: «Lo bendijo diciendo: "Bendito sea Abram del Dios Altísimo, poseedor del Cielo y de la Tierra"» (*Génesis* XV-19). 4a) Israel es otra posesión. ¿De dónde sabemos esto? Porque está escrito: «Hasta que pase tu pueblo, Señor, hasta que pase tu pueblo que has poseído» (*Éxodo* XV-16). Y ha sido dicho: «En cuanto a los santos y poderosos que están en la tierra, todo mi deseo está en ellos» (*Salmos* XVI-3). 5a) El Templo es otra posesión. ¿De dónde sabemos esto? Porque ha sido dicho: «El santuario, oh Señor, que tus manos han establecido» (*Éxodo* XV-17), y ha sido dicho: «Y los llevó a Su santo reino, a la montaña que Su mano derecha había poseído» (*Salmos* LXXVIII-54).

COMENTARIO DE ISAAC ABRAVANEL

Llas cinco posesiones del Santo, bendito sea: la *Torah*, el Cielo y la Tierra, Abraham, Israel y el Templo representan los elementos más preciados y sagrados para Dios, cada uno simbolizando un aspecto fundamental de la relación entre lo divino y la creación. La *Torah* es la sabiduría divina; el Cielo y la Tierra representan el universo físico; Abraham personifica la fe y la devoción; Israel es el pueblo elegido; y el Templo es el lugar de la presencia divina.

כָּל מַה שֶׁבָּרָא הַקָּדוֹשׁ בָּרוּךְ הוּא בְּעוֹלָמוֹ, לֹא בְּרָאוֹ אֶלָּא
לִכְבוֹדוֹ, שֶׁנֶּאֱמַר (ישעיה מג), כֹּל הַנִּקְרָא בִשְׁמִי וְלִכְבוֹדִי בְּ־
רָאתִיו יְצַרְתִּיו אַף עֲשִׂיתִיו, וְאוֹמֵר (שמות טו), יְהֹוָה יִמְלֹךְ
לְעֹלָם וָעֶד
רַבִּי חֲנַנְיָא בֶּן עֲקַשְׁיָא אוֹמֵר, רָצָה הַקָּדוֹשׁ בָּרוּךְ הוּא לְזַכּוֹת
אֶת יִשְׂרָאֵל, לְפִיכָךְ הִרְבָּה לָהֶם תּוֹרָה וּמִצְוֹת, שֶׁנֶּאֱמַר (יש־
עיה מב) ה' חָפֵץ לְמַעַן צִדְקוֹ יַגְדִּיל תּוֹרָה וְיַאְדִּיר:

Todo lo que el Santo, bendito sea, creó en Su mundo, lo creó sólo para Su gloria, como ha sido dicho «Todos los que están vinculados a Mi nombre, que he creado, formado y hecho para Mi gloria» (*Isaías* XLIII-7), y ha sido dicho: «El Señor reinará por los siglos de los siglos» (*Éxodo* XV-18).

Dijo Rabbí Hananiah ben Akashia: deseó el Santo, bendito sea, conceder méritos a Israel, por eso les dio la *Torah* y los preceptos en abundancia, como ha sido dicho: «El Señor se complació por su justicia, en hacer la *Torah* grande y gloriosa» (*Isaías* XLII-21).

COMENTARIO DE ISAAC ABRAVANEL

En el universo, desde lo más grandioso hasta lo más humilde, todo tiene como objetivo último honrar y revelar la grandeza del Creador. El propósito fundamental de la creación es manifestar y reflejar la gloria divina.

Dijo Rabbí Hananiah ben Akashia: deseó el Santo, bendito sea, conceder méritos a Israel, por eso les dio la *Torah* y los preceptos en abundancia, como ha sido dicho: «El Señor se complació por su justicia, en hacer la *Torah* grande y gloriosa» (*Isaías* XLII-21).

ÍNDICE